„Dieses Buch wird Ihnen dabei helfen,
die für alle Networker so wichtige und entscheidende
Situation zu erschaffen,
nämlich im Kontaktüberfluss zu arbeiten
und ständig mehr Kontakte zu haben,
als man selbst abarbeiten kann"

© 2014 by REKRU-TIER
2be GmbH
Leopoldstr. 244
80807 München

Covergestaltung: REKRU-TIER, München
Lektorat, Layout und Satz: Bernhard Edlmann Verlagsdienstleistungen, Raubling

ISBN 978-3-941412-58-3

Tobias Schlosser

MISSION DIREKTKONTAKT

Das Rekru-Tier live unterwegs

Inhalt

Vorwort 7

Kontaktaufnahme in verschiedenen Alltagssituationen 15
1. Das Prinzip „Kennen wir uns?" 16
   1 Beispiel Fitnessstudio 20
   2 Öffentliche Verkehrsmittel 25
   3 Geschäftseröffnung oder
      Tag der offenen Tür 30
2. Das Prinzip Personalcasting 37
3. Das Prinzip der Berufswette 45
4. Das Prinzip, positives Verhalten
   zu honorieren 54
5. Autokontakten 67

Die sieben größten Fehler beim Direktkontakt 71
1. Erst starten, nachdem die „perfekte Pitch"
   kreiert ist? 73
2. Menschen im letzten Moment doch
   nicht ansprechen 75
3. Ergebnisse planen
   anstelle von Aktivitäten 78
4. Zu stark selektieren
   und werten 80

5. Das Gespräch nach Erhalt der
   Nummer sofort beenden 85
6. Die Nummer krampfhaft haben wollen 89
7. Immer nur im „An"- oder „Aus"-Modus
   arbeiten 94

Psychologie 99
1. Umgang mit dem Nein 100
2. Kleidung, Auftreten und Visitenkarten 111
3. Vom Mythos des Bieterstatus 120

Wie spricht man Highpotentials an? 129

Führen durch Vorführen 153
1. Den Beweis antreten, dass es
   funktioniert 155
2. Duplikation/Multiplikation von Strategie
   und Wissen 158

Argumente, Einwände
und andere Fallstricke 169
1. Vom Sinn und Unsinn
   des Argumentierens 170
2. Argumentationsleitfaden 176
   1 Behandlung des Arguments „Ich habe
      zu wenig Zeit" nach dem Leitfaden 180
   2 Behandlung des Arguments
      „Ist das ein Scheeballsystem?"
      nach dem Leitfaden 182

Inhalt

    3 Behandlung des Arguments
„Eigentlich bin ich zufrieden"
nach dem Leitfaden 184
3. Konsequenz:
Lernen Sie zu liefern 186

Schlusswort:
MLM/Vertrieb ist Zehnkampf 191

Vorwort

Vorwort

„Was zu beweisen war" – oder auch kurz „wzbw." – ist ein Ausdruck, den viele von uns noch aus dem Mathematikunterricht in Erinnerung haben. Obwohl wir gedacht hatten, dass wir mit dieser Aussage nie wieder in unserem Leben etwas zu tun haben würden, sollten wir Rekru-Tiere noch einmal in einer ganz anderen Angelegenheit damit konfrontiert werden. Und zwar vor gut vier, fünf Jahren, als wir anfingen, unsere mittlerweile legendären „Recruiter's Finest"-Seminare zu halten. Zwischen den vielen begeisterten Teilnehmern waren hin und wieder auch kritische Stimmen zu hören, die das, was wir schulten, infrage stellten. Kurz gesagt, es gab Menschen, die anzweifelten, es wäre so leicht, Kontakte zu machen. Mehr noch: Ein paar wenige bezeichneten uns sogar als „Plaudertaschen", die das, was sie sagten, in der Praxis sowieso nicht umsetzen könnten.

Zuerst haben wir das nicht so ernst genommen, aber als es wieder einmal einen besonders kritischen und skeptischen Seminarteilnehmer gab, der uns als Theoretiker bezeichnete, war das berühmt-berüchtigte Maß voll.

Noch auf der Rückfahrt von diesem Seminar nach München „rekrutierte" mich Rainer von Massenbach, *den Beweis* anzutreten, um die Skeptiker ein für alle Mal eines Besseren zu belehren.

Grundsätzlich sind wir als Menschen meistens so gepolt, dass wir uns nicht auf das konzentrieren, was gut läuft, sondern man beschäftigt sich dummerweise besonders intensiv mit dem, was gerade nicht passt.

Genau deswegen unterhielten wir uns auf der Fahrt nicht über die 99 begeisterten Teilnehmer, sondern über den einen nervigen Kollegen, der in jeder Pause komische Fragen stellte und uns anzweifelte.
Das wollten wir uns in Zukunft nicht länger reinziehen. Rainer schlug mir vor, in einem Liveprojekt mit versteckter Kamera zu zeigen, wie wir per Direktkontakt Menschen in der Öffentlichkeit auf eine Tätigkeit im MLM oder einen Zusatzverdienst im Vertrieb ansprechen, um damit ein für alle Mal zu beweisen, dass wir das Thema auch in der Praxis draufhaben.
Obwohl ich am Anfang erhebliche Bedenken hatte (die habe ich immer bei neuen Projekten ...☺), ließ ich mich dann auf den nächsten 400 Kilometern Autofahrt breitschlagen, dieses Projekt umzusetzen.
Eigentlich sollte es nur dazu dienen, den Zweiflern auf unseren Seminaren ein paar Videos vorzuspielen, um nicht ewig mit ihnen diskutieren und uns rechtfertigen zu müssen. Dass sich daraus aber unser bis dato bestes und am schnellsten ausverkauftes Produkt entwickeln sollte, das hätte ich mir damals auch nicht träumen lassen.

Vorwort

Das Verrückte daran ist, das es wieder einmal ein Zweifler war, dem wir einen Quantensprung in unserer geschäftlichen und persönlichen Entwicklung zu verdanken haben. Deswegen danke ich auch an dieser Stelle noch mal allen Zweiflern, Bedenkenträgern und Kleindenkern, quasi allen, die nicht an uns geglaubt haben. Auch wenn uns euer „Gegenwind" im ersten Moment nicht gefiel – ihr habt uns damit immer wieder dazu motiviert, zu beweisen, dass wir recht haben, und wir werden es auch in Zukunft immer wieder tun. Ohne euch hätten wir *den Beweis* vielleicht niemals angetreten.

Wie immer, lag also auch in dieser Widrigkeit des Schicksals eine riesige Chance. Diese Chance haben wir genutzt und mit dem „Beweis" nicht nur ein paar Videos für unsere Seminare geschaffen, sondern ein limitiertes DVD-Set, das wir kostengünstig jedem zur Verfügung stellen konnten, der sich für Direktansprache interessiert, sich ein persönliches Direktkontaktcoaching aber nicht leisten kann.

Dafür sind wir mehrere Tage lang mit einem Kamerateam in München unterwegs gewesen und haben verschiedene Persönlichkeiten in den unterschiedlichsten Lebenssituationen kontaktiert und auf Geldverdienen und Business angesprochen.

Zugegeben, das war mein bisher schwierigstes Projekt, schon weil man mit einer versteckten Kamera im Rücken natürlich nicht ganz unbefangen ist und noch ein wenig mehr unter Druck steht als „normal".

Die größte Herausforderung war jedoch die: den Menschen, denen ich meine Geschäftsidee offeriert hatte, im Nachhinein höflich abzusagen, ihnen zu erklären, dass alles nur ein Spaß war, dass sie gerade mit der versteckten Kamera aufgenommen wurden und dass wir zu guter Letzt die Aufnahme gerne für Schulungszwecke verwenden möchten.

Dafür wiederum brauchten wir natürlich eine Rechteabtretung und eine Unterschrift von den Angesprochenen, was dazu führte, dass von den Kontakten, die wir gemacht hatten, am Ende nur ein Drittel übrig blieb, die einer Veröffentlichung zustimmten. Alle andere waren ein wenig enttäuscht darüber, das es den Job doch nicht gibt, oder wollten in der Öffentlichkeit nicht in Erscheinung treten.

So long. Am Ende hatten wir trotzdem zwölf tolle Kontakte und damit genug Content für ein ganzes DVD-Set.

Die Auflage war bereits nach wenigen Tagen ausverkauft, nur einige wenige Exemplare behielten wir für persönliche Coachings oder VIP-Kunden. Das Außergewöhnliche war, dass es so ein

Vorwort

Produkt auf dem deutschen Markt in dieser Form bis dahin noch nicht gab und dass wir dafür so viel positives Feedback bekommen haben wie für keine andere unserer Produktionen zuvor, was uns natürlich sehr freute und noch mehr darin bestätigte, dass wir auf dem richtigen Weg sind und den Menschen etwas zu geben haben, was sie dringend brauchen und auch für ihr Geschäft gewinnbringend um- und einsetzen können.

Zwischenzeitlich waren ein paar Monate ins Land gegangen, und auf unserem Schreibtisch häuften sich Hunderte positive Zuschriften und Anfragen nach einem weiteren Produkt dieser Art. Ja, „Der Beweis" hatte zwischenzeitlich eine richtige Fangemeinde gewonnen.
Erst hatten wir ja vor, den „Beweis" in seiner ursprünglichen Form noch ein wenig zu „pimpen" und in einer neuen Version noch einmal auf den Markt zu bringen. Das allerdings wäre unfair denen gegenüber gewesen, die die limitierte Edition erworben hatten.
Deswegen haben wir uns ein weiteres Mal richtig in ins Zeug gelegt, um etwas wirklich Neues zu schaffen. Unsere Absicht war es, dass es noch detaillierter und lernintensiver werden sollte als „Der Beweis".
Eine Frucht dieses neuen Projekts ist das Buch, welches Sie nun Ihr Eigen nennen und in dem wir

Ihnen die besten Leitfäden präsentieren, die wir in diesem Zusammenhang erarbeitet haben, und in dem ich Ihnen gleichzeitig einige ganz persönliche Schlüsselerlebnisse aus meinem Leben als Networker und als Coach schildere, aus denen jeder Kollege seine eigenen Lehren ziehen kann.

Dieses Buch wird Ihnen dabei helfen, recht bald in die oberste Liga aller Direktkontakter aufzusteigen. Mehr noch, es wird seinen Beitrag dazu leisten, die für alle Networker so wichtige und entscheidende Situation zu erschaffen, nämlich im Kontaktüberfluss zu arbeiten und ständig mehr Kontakte zu haben, als man selbst abarbeiten kann.

Kontaktaufnahme in verschiedenen Alltagssituationen

1. Das Prinzip „Kennen wir uns?"

Es handelt sich darum, jemanden in den Glauben zu versetzen, man würde sich kennen

Eine der besten Strategien, um mit jemandem ins Gespräch zu kommen, ist das Prinzip „Kennen wir uns?". Hierbei handelt es sich, schlicht ausgedrückt, um nichts anderes, als jemanden in den Glauben zu versetzen, man würde sich kennen. Das Schöne an dieser Strategie ist, dass sie sich zu 100 Prozent überall in das tägliche Leben integrieren lässt und deswegen bestens geeignet ist, um sogenannte Alltagsgelegenheiten für ein Kontaktgespräch zu verwerten!

Eine häufige Situation: Man begegnet einem anderen Menschen und meint, ihn zu kennen

Das Prinzip ist einfach. Sicherlich kennen Sie die Situation, in der Sie irgendwo einen Menschen sehen und plötzlich den Eindruck haben, dass Sie ihm schon einmal begegnet sind. Meistens treffen sich die Blicke kurz und man denkt: „Hey, den kenn ich doch. Aber woher bloß?"

Oftmals sieht man auf der Gegenseite dieselben fragenden Blicke, und plötzlich entsteht bei beiden Beteiligten die Situation, dass man nachdenkt, woher man sich kennen könnte. Manchmal, so war es zumindest bei mir in der Vergangenheit, kommt dann tatsächlich von irgendwoher ein Impuls, der einen von beiden den ersten Schritt tun lässt, sein Gegenüber zu fragen, woher man sich kennt. Bingo!

Wenn es dazu kommt, ist das toll. Doch sind wir mal ehrlich: In den meisten dieser Situationen belässt man es bei den fragenden Blicken und geht schnell wieder seiner Wege. Warum sollte man auch um jeden Preis herausfinden, ob man sich tatsächlich schon einmal gesehen hat?

Auf der anderen Seite stellt sich natürlich auch die Frage: Warum nicht? Ganz besonders als Networker und Vertriebler, wo man doch mehr oder weniger auf neue Bekanntschaften angewiesen ist. Wieso sollte man diese Gelegenheiten nicht beim Schopf packen? Warum sollte man als kontaktfreudiger Erfolgsmensch nicht den ersten Schritt tun und herausfinden, ob und woher man sich kennt? Und weshalb in aller Herrgotts Namen sollte man diese Gesprächsgelegenheit als „Kontakter" nicht selbst mehrfach am Tag konstruieren?

Genau diese Situation lässt sich gezielt herbeiführen!

Es ist doch eine ganz simple Rechnung: Wenn ich mehrmals am Tag den Eindruck habe, jemanden zu kennen, dann ergeben sich mehrmals täglich tolle Möglichkeiten, um mit jemandem ins Gespräch zu kommen. Vielleicht sogar übers Geschäft, über Verdienst, über Karriere oder ein zweites Standbein.

Mehr noch. Bei mir persönlich ergibt sich diese Situation, dass ich den Eindruck habe, jemanden zu kennen, mittlerweile zwischen 15- und 20-mal am Tag! ☺

Kontaktaufnahme in verschiedenen Alltagssituationen

„Nein, ich leide nicht unter **Alzheimer.** Aber dennoch habe ich mehrmals am Tag den Eindruck, dass ich **vollkommen fremde Menschen irgendwoher kenne!**"

Bitte nicht falsch verstehen. Es ist nicht so, dass ich unter einer Alzheimererkrankung leide oder irgendeiner anderen Art von Vergesslichkeit, und es ist auch nicht so, dass ich mir nicht merken kann, wen ich schon mal gesehen und gesprochen habe und wen nicht. Das Einzige, was ich im Sinn habe, ist, auf diese Art und Weise interessante Menschen kennenzulernen.

Insbesondere wenn es örtlich oder situativ nicht passt, auf jemanden sehr geradlinig zuzugehen und ihm zu sagen: „Mensch, Sie sind mir gerade besonders positiv aufgefallen …!", sind die Fragen: „Kennen wir uns?" oder „Kann das sein, dass wir uns kennen?" sehr charmante Möglichkeiten, um mit einem anderen Menschen ins Gespräch zu kommen! Sozusagen ein tolles Werkzeug, um grundsätzlich überhaupt einmal mit jemandem Kontakt aufzunehmen.

Die Fragen: „Kennen wir uns?" oder „Kann das sein, dass wir uns kennen?" sind charmante Möglichkeiten, um ins Gespräch zu kommen

Wer mir jetzt die Frage stellt, ob er nun den ganzen Tag durch die Gegend laufen und andere Menschen fragen soll, ob man sich von irgendwoher kenne, dem kann ich nur sagen: Ich weiß es nicht! Ich kann Ihnen nur sagen, dass die Hälfte der Menschen, denen ich diese Strategie erkläre, dies für totalen Schwachsinn halten. Aber von der anderen Hälfte weiß ich, dass das Prinzip „Kennen wir uns?" deren Kontaktarbeit revolutioniert hat.

Bei der Hälfte meiner Kunden hat das Prinzip „Kennen wir uns?" die Kontaktarbeit revolutioniert

Kontaktaufnahme in verschiedenen Alltagssituationen

Eines ist auch hier sicher: Networker, die sich mit dieser Strategie identifizieren, werden wahnsinnig tolle Erfolge damit haben.
Probieren Sie es aus, bauen Sie das Prinzip „Kennen wir uns?" mindestens dreimal am Tag in Ihr Leben ein und trainieren Sie somit Ihre Fähigkeit, offen auf andere Leute zuzugehen.

Doch in welche Alltagssituationen passt dieses Prinzip nun am besten? Hier drei konkrete Beispiele.

1 Beispiel Fitnessstudio

Vielleicht leben Sie ja genau wie ich in einer größeren Stadt und trainieren in einem recht großen Fitnessclub? Vielleicht sogar in einer Kette, in der sich die Mitglieder untereinander wenig oder gar nicht kennen?

Falls dem so sein sollte, dann werden Sie mir beipflichten, dass das Gebaren der meisten Mitglieder grundsätzlich darauf beschränkt ist, recht konzentriert und auf sich fixiert die jeweiligen Übungen abzuspulen, um dann nach getaner Arbeit ohne großes Aufsehen, ganz mit sich selbst beschäftigt, den Weg nach Hause anzutreten.
Vielleicht geht es Ihnen im Moment sogar genauso wie mir noch bis vor Kurzem. Ich war der Meinung, dass die meisten der anderen

Mitglieder ziemlich arrogant dreinschauen und dass definitiv niemand in diesem Studio kommunizieren möchte oder irgendein Interesse an einer Unterhaltung hätte.

Mehr noch, ich hatte mir in Bezug auf die Sportskollegen und -kolleginnen meine eigene Welt zurechtkonstruiert, und, wie sich herausstellen sollte, massive Vorurteile aufgebaut, obwohl ich die Leute gar nicht persönlich kannte.

Nur „komische Typen" im Fitnessstudio?

Einer von den Typen im Studio „gefiel mir nicht", weil er Sportklamotten aus den 1980er-Jahren trug, der zweite schien ein ziemlich aufgeblasener Gockel und wirkte unheimlich arrogant, der nächste trainierte aus meiner Sicht falsch und mit fehlerhafter Technik. Dann war da die Dame mit den komischen Tattoos, und schlussendlich fiel mir noch der Kollege auf, der aus meiner Sicht viel zu dünne Beine hatte im Vergleich zu seinem brutal austrainierten Oberkörper.

So weit, so gut. Ich trainierte tagaus, tagein in diesem Studio und ging den anderen aus dem Weg. Bis zu dem Tag, an dem plötzlich wie aus heiterem Himmel ein anderes Studiomitglied neben mir am Trainingsgerät stand und mich fragte: „Mensch, kennen wir uns nicht? – Du warst doch damals auch in dem und dem Studio?"

„Mensch, kennen wir uns nicht?" – Eine kurze Frage und eine überraschende Erfahrung!

Ich erklärte dem anderen, er täusche sich da – allerdings entstand wie aus dem Nichts eine sehr

Kontaktaufnahme in verschiedenen Alltagssituationen

angeregte Unterhaltung über Training, Ernährung und diverse andere sportliche Themen. Schlussendlich waren wir rein zufällig bei dem Thema angelangt, was wir beruflich machen. So was aber auch!

Das Interessante daran war, dass das Gespräch einfach so aus dem Nichts entstanden war und mein neuer Bekannter doch tatsächlich einer von den Kollegen war, den ich vorab in die Schublade „komischer Typ" gesteckt hatte.
Bis zu dem Zeitpunkt, als er mich dann fragte, ob wir uns kennen. Dann stellte sich nach und nach heraus, dass dieser „komische Typ" doch tatsächlich ein ganz patenter Kerl war, superintelligent, mit einem spannenden Lebenslauf und vielen, vielen interessanten Tipps zum Thema Ernährung, Training und, und, und ...!

Bedingt durch dieses Erlebnis, wurde mir wieder einmal klar, dass unsere Annahmen viel zu oft die Realitäten verändern und dass selbst ich als Kontakt- und Vertriebscoach, der ja jeden Tag Offenheit und Unbefangenheit predigt, noch immer beachtliche Defizite darin habe, vorbehaltlos auf andere, fremde Menschen zuzugehen.

Das Prinzip „Kennen wir uns?" gehört seit diesem Erlebnis allerdings zu meinem festen Repertoire zur Kontaktaufnahme, und es vergeht kein Tag im Fitnessstudio, an dem ich nicht mindestens einen tollen neuen Menschen kennenlerne.

Meine Vorgehensweise hierbei ist ganz simpel. Ich stelle mich einfach zu einem Sportskollegen an ein Trainingsgerät und frage, nachdem ich ein wenig interessiert, ungläubig und manchmal auch nachdenklich geschaut habe, ob ich an diesem Gerät mit trainieren darf und ob wir uns nicht von irgendwoher kennen ...!☺

Der Rest ergibt sich meistens von selbst.

Für diejenigen, die gerne ein wenig Struktur in ihren Gesprächen haben wollen, hier der magische rote Leitfaden:

Der Leitfaden

💬 *Kann das sein, dass wir uns kennen?*

„Kann das sein, dass wir uns kennen?"

Die Antwort auf diese Frage ist meistens noch ein „Nein" oder „Nicht dass ich wüsste!" – Ich mache dann meistens weiter mit:

💬 *Dein/Ihr Gesicht kommt mir aber verdammt bekannt vor!*

„Dein/Ihr Gesicht kommt mir aber verdammt bekannt vor!"

Meistens wird dann aus dem anfänglichen „Nein" ein „Kann sein" oder „Geht mir genauso, allerdings kann ich dich nicht einordnen". – Ich wiederum ergänze dann recht bestimmt:

Kontaktaufnahme in verschiedenen Alltagssituationen

„Ich könnte schwören, dass ich dich/Sie kenne ...!"

💬 *Ich könnte schwören, dass ich dich/Sie kenne ...!* ☺

Danach ist das Ergebnis in acht von zehn Fällen ein „Ja, stimmt, mir geht es genauso, aber ich wüsste im Moment nicht, woher?"
Ich kann auch nicht sagen, wie dieses Prinzip heißt, vielleicht: „Rede jemandem so lange etwas ein, bis er es glaubt!" Ich weiß nur, das es funktioniert!!! ☺

Sie sehen also, man kommt durch diese Gesprächseröffnung relativ schnell zu dem Punkt, an dem man dasteht und gegenseitig herauszufinden versucht, woher man sich kennen könnte und wo man den anderen einordnen soll. Nun liegt

Nun liegt es auf der Hand zu fragen, was denn der/die andere beruflich macht ...!

es quasi auf der Hand, oder anders ausgedrückt, man muss kein großer Rethoriker sein, um relativ zügig zu fragen, was denn der/die andere beruflich macht ...!

Dies wird wiederum zur Folge haben, dass auch Sie nach Ihrem Beruf und/oder Ihrer Tätigkeit gefragt werden – und wie könnte es anders sein, Sie werden nun mit stolzgeschwellter Brust und einer perfekten Pitch in zwei, drei Sätzen begeistert darüber berichten, was Sie tun!

Im Grunde geht es doch nur darum, als Networker oder Vertriebler mindestens dreimal am Tag begeistert seine Geschichte zu erzählen. Dies wiederum fällt uns doch allen am leichtesten, wenn wir konkret danach gefragt werden, was wir tun. Oder?

Wir müssen also nichts anderes tun, als dreimal am Tag die Situation herbeizuführen, in der uns andere Menschen danach fragen, was wir denn so tun ...! So einfach ist das!

2 Öffentliche Verkehrsmittel

Sie sind mit Sicherheit schon mal Bus oder S-Bahn gefahren? Vielleicht aber auch ICE?

Für mich ist zum Beispiel ein ICE so ziemlich der beste Ort, um ganze Studien darüber zu machen, wie unkommunikativ der durchschnittliche Deutsche/Österreicher oder auch Schweizer ist. Wenn man beispielsweise um 6 Uhr in der Früh in München einen ICE besteigt, um damit nach Hamburg zu fahren, erlebt man in der Regel folgendes Szenario:

Öffentliche Verkehrsmittel: Orte der Nicht-Kommunikation?

Anfangs alleine im Viererabteil, kann man die erste halbe Stunde noch ein wenig vor sich hin dösen, bevor nach zwei Stationen dann der nächste Fahrgast mit einem zerknitterten Gesicht und einem lustlosen und unwilligen „Morgen" das Abteil betritt.

Jeder widmet sich nun seinen Aufgaben wie Mails checken, Smartphone anstarren oder anderen wichtigen Dingen, und man bemerkt somit kaum,

Kontaktaufnahme in verschiedenen Alltagssituationen

dass beim nächsten Halt doch tatsächlich noch zwei weitere Fahrgäste das Abteil betreten.

Kurz und gut, es vergeht nicht viel Zeit, bis der erste der drei Mitreisenden sein Frühstück auspackt und anfängt, Brotzeit zu machen. Das alles passiert tunlichst ohne den anderen einen Blick zuzuwerfen, mehr noch, der zweite Kollege, der sich auch für Frühstück entschieden hat, versteckt sich hinter der halb zugezogenen Gardine des Zugabteils und wirkt, als hätte er die paranoide Befürchtung, dass ihm jemand sein Essen stiehlt.

Nachdem dann alle fertig sind mit Essen, geht man möglichst schnell dazu über, sein Gesicht oder, besser noch, den ganzen Körper hinter einer doppelseitigen Tageszeitung zu verstecken, um ja niemanden im Abteil ansehen und eventuell etwas Nettes sagen zu müssen.

Und so geht die Fahrt dahin, ohne dass man auf der langen Strecke von München nach Hamburg auch nur ein einziges Wort mit seinen Mitreisenden gesprochen hat. Selbst wenn dreimal auf der gesamten Strecke die Besetzung des Abteils komplett wechselt und sich quasi erneuert, passiert in Bezug auf Kommunikation gar nichts!

Selbst wenn Sie mehrmals während der Fahrt für längere Zeit mit nur einem einzigen Fahrgast im Abteil sitzen, weil alle anderen ausgestiegen sind, kommt auch Ihnen nicht in den Sinn, mal so ganz nebenbei zu ihm/ihr zu sagen:

💬 *Sorry, kurze Frage! Ich musste die ganze Zeit schon zu Ihnen rüberschauen, ich überlege gerade, woher wir uns kennen ...!*

Falls Sie nun, nach der Lektüre dieser Zeilen, in Zukunft nicht noch mehr Chancen verpassen wollen, werden Sie sicherlich die nächste sich bietende Gelegenheit beim Schopf packen und die Gunst der Stunde nutzen, um zu kommunizieren. Spätestens wenn Sie das nächste Mal alleine mit jemandem im Abteil sitzen, werden Sie beherzt zu ihm oder ihr sagen – ja was wohl? – Genau:

„Sorry, kurze Frage! Ich musste die ganze Zeit schon zu Ihnen rüberschauen, überlege gerade, woher wir uns kennen ...!"

💬 *Sorry, kurze Frage! Ich musste die ganze Zeit schon zu Ihnen rüberschauen, ich überlege gerade, woher wir uns kennen ...!*

Der andere Fahrgast wird erwidern: „Nicht dass ich wüsste!" – Sie werden fortfahren mit:

💬 *Ihr Gesicht kommt mir aber bekannt vor!*

Der Angesprochene wird sagen: „Ja, kann möglicherweise schon sein!" – Sie werden erwidern:

💬 *Ich könnte schwören, dass ich Sie kenne!*

Kontaktaufnahme in verschiedenen Alltagssituationen

Und der andere wird überlegen: „Ja, ja. Kann schon sein, aber woher denn?"

Sie werden fortfahren und ihn/sie fragen, was er/sie beruflich macht.

Mit großer Wahrscheinlichkeit wird er/sie es Ihnen sagen und dann aus Höflichkeit wiederum die gleiche Frage an Sie richten.

Und siehe da: Jetzt ist Ihr großer Auftritt gekommen!

Sie werden möglicherweise erwidern:

Beispiele: So könnte Ihre Pitch klingen – garniert mit der Frage: Waren Sie vielleicht schon bei mir auf einer Veranstaltung?

🗨 *Ich bin selbstständiger Unternehmer im Wellness- und Anti-Aging-Bereich und deutschlandweit unterwegs in Sachen Personalaufbau und Recruiting. Wir machen auch sehr viele Vorträge zu diesen Themen. Kann das sein, dass Sie schon mal auf einer unserer Veranstaltungen waren?*

Oder:

Beispiel Finanzdienstleistungen

🗨 *Ich bin Unternehmer im Geldgeschäft. Wir machen lokale/regionale/überregionale Vorträge zum Thema finanzielle Intelligenz und darüber, wie man in der heutigen Zeit aus einem Euro drei macht, und das mit massiver staatlicher Unterstützung. Kann das sein, dass wir uns mal auf einer solchen Veranstaltung kennengelernt haben?*

Oder:

💬 Ich bin Unternehmerin in der schönsten Branche der Welt: Ich arbeite für einen namhaften Schmuck- und Kosmetikkonzern. Wir machen Schmuckpartys und Vorträge darüber, wie man durch den gekonnten Einsatz von Accessoires seine Außenwirkung massiv erhöht und sich somit beruflich und privat viel besser in Szene setzt. Kann das sein, dass Sie schon mal auf einer unserer Partys waren?

Beispiel Schmuck/Kosmetik

Oder:

💬 Ich bin selbstständig in der Lifestyle-Industrie. Meine Themen sind gesunde Ernährung, Verbesserung der Leistungsfähigkeit und alternative Berufswege/Geschäftskonzepte im 21. Jahrhundert! Ich bin für mein Partnerunternehmen unter anderem auch international als Referent zu diesen Themen eingesetzt. Kann das sein, dass wir uns mal auf einem meiner Vorträge kennengelernt haben?

Beispiel Wellness/Nahrungsergänzungen

Oder:

💬 Ich bin nebenberuflich selbstständig und arbeite mit einem neuartigen Geschäftskonzept. Wir vernetzen Privathaushalte zu starken

Beispiel Verbrauchsgütersystem allgemein

Kontaktaufnahme in verschiedenen Alltagssituationen

Einkaufsgemeinschaften und erwirtschaften massive Vorteile und Rabatte für Verbraucher, indem wir den Einzelhandel komplett umgehen. Kann das sein, dass Sie sich schon mal bei uns über diese Vorteile informiert haben?

Oder:

Pitch mit Schwerpunkt berufliche Chance

💬 *Ich bin gerade dabei, mir nebenberuflich ein zweites Standbein aufzubauen, und bilde mich auch sehr viel weiter. Kann das sein, dass wir schon mal ein Seminar, einen Workshop oder eine Weiterbildung zusammen besucht haben?*

Oder, oder, oder ...

3 Geschäftseröffnung oder Tag der offenen Tür

Stellen Sie sich mal vor, Sie sind beim „Tag der offenen Tür" in einem Autohaus eingeladen.

In der freudigen Erwartung, dass Sie heute das erste Mal Ihren Traumwagen live zu Gesicht bekommen werden, und mit dem Hintergedanken, dass Sie früh genug da sein müssen, um auch noch ein paar von den leckeren Snacks zu ergattern, machen Sie sich auf den Weg.

Am Autohaus angekommen, stellen Sie doch in der Tat fest, dass Sie der Erste sind, lassen sich aber davon nicht beirren und nehmen schnurstracks Kurs auf einen der Stehtische, die überall im Showroom aufgebaut sind. Vorab werden Sie noch vom Inhaber freundlich begrüßt, und man reicht Ihnen wird am Eingang zur Feier des Tages ein Glas Prosecco.

In Erwartung der Dinge, die da kommen werden, nippen Sie an Ihrem Prosecco und lassen den Blick durch die heiligen Verkaufshallen und über den noch verhüllten Superstar auf vier Rädern schweifen.

Genau in diesem Moment, nämlich fünf Minuten nachdem Sie erschienen sind, tritt ein weiterer Besucher durch die Türe des Verkaufsraums und wird mit Prosecco und Häppchen begrüßt.

Da Sie das Prinzip „Kennen wir uns?" mittlerweile leben, werden Sie zu Gast Nummer zwei schon von Weitem Blickkontakt aufnehmen und genau in dem Moment, in dem er an Ihrem Tisch vorbeigeht, freundlich nickend grüßen!

Es gibt nun in der Tat zwei Varianten, wie der weitere Abend im Autohaus verlaufen könnte. Die erste ist die, dass Sie mit starrem Blick Richtung Verkaufsraum an Ihrem Tisch stehen, Ihren Prosecco zu Ende nippen und enttäuscht darüber sind, dass die Snacks nicht so gut schmecken, wie Sie erwartet haben.

So machen Sie es besser nicht ...

Außerdem sind gar nicht so viele Leute da, wie Sie vermutet hatten, und das Auto, na ja, das ist doch nicht so der Brüller!

Kontaktaufnahme in verschiedenen Alltagssituationen

Genau deswegen werden Sie auch nicht bis zum Schluss bleiben, weil Sie ja morgen wieder viel zu tun haben und unbedingt topfit sein müssen, um wieder Spitzenleistungen im Job zu bringen.

Resultat der Veranstaltung: Nach 50 Minuten verlassen Sie frustriert und unbefriedigt die Veranstaltung und haben niemanden kennengelernt!

Interesse an dem anderen Gast zeigen, Kontakt aufnehmen ...

Die andere Variante wäre die, dass Sie dem zweiten Gast des Abends nicht nur zulächeln und ihn grüßen, sondern im Vorbeigehen noch Ihr Glas heben und ihm zuprosten.

Mit Sicherheit wird er aus Höflichkeit Ihre Geste erwidern und sich danach brav an einem der weiteren Stehtische positionieren. Danach könnten Sie ein- oder zweimal recht interessiert nach drüben schauen und sich beim dritten Mal einen Ruck geben, um zu dem Kollegen am Nachbartisch zu gehen.

Mit leicht erhobenem Glas begrüßen Sie ihn nun noch mal persönlich und sagen Folgendes:

„Sagen Sie mal, ich habe mich schon vorhin, als Sie reingekommen sind, gefragt, ob wir uns kennen"

💬 *Schönen guten Tag, mein Name ist ...! Sagen Sie mal, ich habe mich schon vorhin, als Sie reingekommen sind, gefragt, ob wir uns kennen. Kann das sein?*

Die Antwort ist möglicherweise Nein.

Da Sie das aber schon vorher gewusst haben, werden Sie fortfahren und mit einem Schmunzeln erwidern:

🔴 *Aber Ihr Gesicht kommt mir irgendwie echt bekannt vor ☺!*

Möglicherweise ist die Antwort nun: „Kann schon sein, aber ich weiß nicht so recht, woher ..."!
Seien Sie doch nun ein wenig mutig und sagen Sie mit nachdenklicher Miene:

🔴 *Ich könnte schwören, dass ich Sie kenne!*

Ab genau diesem Zeitpunkt werden Sie nun gegenseitig versuchen, herauszufinden, woher Sie sich kennen, und mit Sicherheit auch über kurz oder lang zu der Frage kommen, was jeder beruflich so macht. Sie werden es Ihrem Gegenüber erklären, und so ganz nebenbei wird sich ein interessantes Gespräch über das Autohaus, den „Star des Abends", über die allgemeine Wirtschaftslage, über den Euro und diverse andere Dinge ergeben, die Menschen in der heutigen Zeit so beschäftigen: Familie, Beruf, Finanzen, Gesundheit und Zeit.
Vielleicht unterhält man sich ja am Ende sogar darüber, was man tun muss, um sich so einen tollen Wagen leisten zu können ☺.

Vielleicht unterhält man sich am Ende darüber, was man tun muss, um sich so einen tollen Wagen leisten zu können ...

Kontaktaufnahme in verschiedenen Alltagssituationen

Die Zeit wird mit Sicherheit wie im Fluge vergehen, und Sie werden am Ende der Veranstaltung das Autohaus mit mindestens einer Telefonnummer/ Visitenkarte in der Tasche verlassen. Sie können sich schon denken, mit welcher Nummer: Genau, mit der des Kollegen, mit dem Sie sich den ganzen Abend sehr angeregt unterhalten haben.

Resultat dieser zweiten Variante: Die Snacks haben in netter Gesellschaft ganz fantastisch geschmeckt, der neue Wagen ist ab sofort Ihr Traumauto, und während die Zeit wie im Flug vergangen ist, hatten Sie ein echt interessantes und inspirierendes Gespräch mit einem tollen Menschen, den Sie dort kennengelernt haben. Und Sie haben seine Visitenkarte.

Selbst wenn es Ihnen vor Ort noch nicht gelungen sein sollte, konkret über Ihr Business oder Ihre Geschäftsidee zu sprechen, dann werden Sie zwei Tage später hochmotiviert die Gelegenheit nutzen, um bei Ihrer neuen Bekanntschaft anzurufen und Folgendes zu sagen:

Follow-up-Telefonat, etwa zwei Tage später

💬 *Mensch, ich habe mir die letzten Tage viele Gedanken gemacht. Sie sind so ein sympathischer, netter und kommunikativer Mensch, und mich hat es echt gefreut, beim Tag der offenen Tür Ihre Bekanntschaft zu machen!*

Mir ging unser Treffen/Gespräch einfach nicht aus dem Kopf! Nach alldem, was Sie mir erzählt haben, habe ich mir gedacht: Der Kollege wäre doch der ideale Geschäftspartner! Ich hatte ja schon ein wenig angeschnitten, in welcher Branche ich tätig bin. Nun ist es so: Wir sind gerade dabei, sehr stark zu expandieren, und haben immer Verwendung für Leute von Ihrem Format.

Sind Sie grundsätzlich interessiert, bei freier Zeiteinteilung einen guten Zusatzverdienst oder ein zweites berufliches Standbein aufzubauen? Vielleicht können wir unsere Unterhaltung bei einer Tasse Kaffee fortsetzen und uns noch ein wenig intensiver besprechen! Was halten Sie davon?"

Kontaktaufnahme in verschiedenen Alltagssituationen

Das Einzige, was zählt, ist, den Menschen bei der Ansprache ein **gutes Gefühl** zu geben!
Lassen Sie die Leute **etwas Besonderes** sein!

2. Das Prinzip Personalcasting

Damit Sie verstehen, was sich dahinter verbirgt, will ich Ihnen von einem Erlebnis erzählen. Es war vor ein paar Jahren an einem wunderschönen Spätsommertag im August. Ich schlenderte durch die Münchner Innenstadt und wurde zufällig auf ein Schild aufmerksam, das genauso wie die Angebotsschilder von Cafés oder Bistros auf der Straße stand. Die Aufschrift auf diesem Schild lautete: „Heute großes *Personalcasting*. Wir casten Maurer, Elektriker, Schlosser und Schreiner!" Okay, dachte ich mir. Aber seit wann werden denn diese Berufe „gecastet"? Obwohl ich keinen Fernseher besitze, war mir damals schon bewusst, dass wir in einer Zeit leben, in der Castings Hochkonjunktur haben. Zukünftige Superstars werden gecastet, Models und Bäuerinnen, und mich würde es nicht wundern, wenn in Zukunft Politiker nicht mehr gewählt, sondern auch gecastet würden, weil es mehr zum Zeitgeist passt. Aber Handwerker zu casten, das konnte ich mir irgendwie gar nicht vorstellen, wie das gehen sollte.
Ich hatte es zweifelsohne mit einer Zeitarbeitsfirma oder Personalbeschaffungsagentur zu tun, und der Aufsteller hatte mein Interesse geweckt.

Und genau darum geht es. Interesse wecken mit einer schönen Verpackung!

„Wir casten Maurer, Elektriker, Schlosser und Schreiner!"

Kurz und gut, ich ging in das Haus hinein und klingelte bei besagter Firma. Mir öffnete eine junge, gut aussehende Frau.

Ich sagte, dass ich das Schild gelesen hätte, und sie bat mich herein. Noch auf dem Weg zum Besprechungstisch gab sie mir ihre Karte, und ich konnte ihren Namen entziffern – und ihre Berufsbezeichnung: „Human Ressources Developement Managerin". Wow, dachte ich, bis dato war ich der Meinung, dass bei Zeitarbeitsfirmen Personaldisponenten und Arbeitsvermittler tätig sind. Aber Human Ressources Developement Managerinnen? Davon war mir bisher noch nichts bekannt gewesen.

Nun bin ich ja der englischen Sprache gar nicht so sehr mächtig, weil ich in der Schule schwerpunktmäßig Russisch lernen musste, acht lange Jahre – aber diesen Titel, den habe ich dann gerade noch übersetzt bekommen: „Personalentwicklungsmanagerin".

Eine echte Wow-Berufsbezeichnung, die auch unmissverständlich Status kommuniziert! Aber war das nicht ein wenig übertrieben? Wie auch immer, ich persönlich fand es echt genial und hatte durch dieses Treffen auch meine „Inspiration des Tages" gefunden. So ein Personalcasting werde ich in Zukunft auch veranstalten! Ich dachte mir, wenn das so eine Zeitarbeitstante kann, dann kann ich das schon lange.

Übrigens nicht nur das, ich habe an diesem Tag auch eine meiner Grundeinstellungen neu überdacht. Meine Führungskräfte versuchten mir am Anfang meiner Vertriebstätigkeit immer zu erklären, dass ich mich nicht „unter Wert verkaufen" sollte. Gemeint war damit, dass ich den Leuten meine Chancen und Angebote nicht wie Perlen vor die Säue werfen, sondern sie besser verkaufen sollte. Ich habe mich aber damals gar nicht „verkaufen" wollen, weil ich mich nicht mit dem Beruf des Verkäufers identifizierte.

Inspiriert durch dieses Tageserlebnis, habe ich meine Einstellung diesbezüglich radikal geändert. Ich habe mir gedacht, wenn diese Frau so auf den Putz haut und sich als *Managerin* deklariert, dann sollte ich das in Zukunft auch viel öfter tun.

Heute verkaufe mich nicht nur „nicht unter Wert", sondern ich verkaufe mich so teuer, wie ich nur kann. Und zwar jeden verdammten Zentimeter. Übrigens würde ich das auch Ihnen in Zukunft empfehlen, denn alle anderen machen das schon längst! Jeder tönt und klappert, so laut er kann.

Ich verkaufe mich so teuer, wie ich nur kann. Und zwar jeden verdammten Zentimeter!

So, nun möchte ich noch einmal die tiefere Bedeutung des Wortes „Personalcasting" erklären. Es ist im Prinzip nichts anderes als eine schönere Verpackung für eine Sache, die man als Direktkontakter sowieso jeden Tag praktiziert. Nämlich Leute ansprechen! Aber es gibt einen kleinen,

Kontaktaufnahme in verschiedenen Alltagssituationen

Geschäftspartner zu „suchen", ist die eine Variante! Menschen zu „casten", die charmantere!

feinen Unterschied in der Art und Weise, wie Sie das tun!

Sie können zum Beispiel auf einen Menschen zugehen, der Ihnen gefällt, und ihn mit folgendem Text ansprechen:

💬 *Hallo, Sie sind mir positiv aufgefallen! Ich suche noch Geschäftspartner, die mich als selbstständige Distributoren beim Aufbau eines Direktvertriebsgeschäftes unterstützen. Ist es interessant für Sie, noch etwas dazuzuverdienen?*

Aber es gibt auch eine charmante Variante:

💬 *Hallo, Sie sind mir gerade positiv aufgefallen. Der Grund, warum ich Sie anspreche, ist folgender: Ich arbeite als Exklusivpartner für ein großes Unternehmen, und wir machen gerade hier in der Region ein Personalcasting mit Männern/ Frauen im Alter zwischen 30 und 50 Jahren. Wir erweitern uns in den verschiedensten Bereichen, und jemanden mit Ihrer Dynamik und Ausstrahlung könnten wir sehr gut im unserem Team gebrauchen. Dürfen wir mal fragen, was Sie beruflich machen? Sind Sie im Moment offen, noch ein Zweiteinkommen aufzubauen?*

Sicherlich erkennen Sie schon den kleinen, aber feinen Unterschied in diesen beiden Varianten.

Kontaktaufnahme in verschiedenen Alltagssituationen

Durch die Aussage „Wir casten Personal" geben Sie dem Angesprochenen das Gefühl, im Rampenlicht zu stehen und zu den Auserwählten zu gehören

Im ersten Fall suchen Sie jemanden, sind also psychologisch gesehen jemand, der es nötig hat, quasi ein Bittsteller.

Im zweiten Fall veranstalten Sie ein Personalcasting, das heißt, Sie sind psychologisch gesehen eher der „Chancenverteiler". Durch die Aussage „Wir casten Personal" geben Sie dem Angesprochenen einfach ein besseres Gefühl, nämlich das gute Gefühl, etwas Besonderes zu sein, das Gefühl, im Rampenlicht zu stehen und zu den Auserwählten zu gehören!

Wir halten also fest, dass es hin und wieder auch bei der Ansprache von Menschen darum geht, sich so gut wie möglich zu präsentieren und sich und seine Geschäftsidee nicht unter Wert zu verkaufen. Was heißt „hin und wieder": Es geht schlichtweg *immer* darum!

Beispiel: Studenten an Universitäten „casten"

Als konkretes Beispiel für diese Vorgehensweise möchte ich die Möglichkeit nennen, Studenten an Universitäten zu „casten". Das kann man ganz ohne großen Aufwand tun, indem man sich bei schönem Wetter auf einem BWL-Campus mit unter die Studenten mischt und ein paar Ansprachen macht. Etwa in dem Stil:

💬 *Der Grund, warum wir dich ansprechen, ist folgender: Wir arbeiten für ein amerikanisches Wirtschaftsunternehmen und führen gerade ein* großes Personalcasting an den bedeutendsten deutschen Unis durch. Es geht um die Möglichkeit, speziell als BWL-Student schon während des Studiums Erfahrungen in der freien Wirtschaft zu sammeln, das Ganze bei freier Zeiteinteilung und sehr guter Bezahlung! Wie hört sich das für dich an?

Weitere Beispiele

Eine weitere Variante wäre, sportliche Menschen anzusprechen und zu sagen: *Wir machen gerade ein Personalcasting mit Menschen, die Interesse an Sport und gesunder Lebensführung haben.*

Oder man sagt: Wir casten gerade
- *junge, gut aussehende Mädels, die als Beauty- und Lifestylescout tätig werden*
- *junge Männer, die als Fitness- und Lifestylescouts tätig sein wollen*
- *Fashion- und Lifestylescouts*

Oder, oder ...!

Ach, Sie wissen nicht, was ein Beauty- und Lifestylescout ist?! Das ist das schönere Bezeichnung für Distributor, Berater oder Vermittler ... ☺!

Wenn Sie schon mal gehört haben, dass Anerkennung eine der wirkungsvollsten Arten von Motivation ist, dann wissen Sie vielleicht auch, dass es Menschen gibt, die schon ihr ganzes Leben lang

Tolle Berufsbe-zeichnungen kosten nichts – und sind enorm wirkungsvoll ...

unterbezahlte Jobs machen, nur weil ihnen Ruhm und Anerkennung in Aussicht gestellt werden.

Wenn Sie jetzt noch verstehen, dass viele Menschen allein wegen einer tollen Berufsbezeichnung oder eines tollen Titels arbeiten und nicht vorrangig wegen des Geldes, dann geben Sie ihnen doch den Titel, mit dem sie sich wohlfühlen. Wenn dann noch ein super Verdienst und unbegrenzte Karrieremöglichkeiten dazukommen, dann ist doch alles perfekt, oder?

3. Das Prinzip der Berufswette

Diese Variante macht besonders viel Freude, wenn man mit einem Teampartner, seiner Upline oder einem Kollegen beim Direktkontakten unterwegs ist. Sie können sich vielleicht noch an die legendäre Rateshow erinnern, in der der Moderator immer fragte: „Welches Schweinderl hätten Sie denn gern?" – Richtig: „Was bin ich", das legendäre Beruferaten mit Robert Lemke!

Ein solches „Beruferaten" können auch Sie in vielen Situationen als elegante Eröffnungsmöglichkeit für Kontaktgespräche nutzen. Das Grundprinzip ist wiederum sehr einfach.

Möglicherweise sind Sie in der Finanzdienstleistungsbranche tätig und Ihre Zielgruppe sind junge, dynamische Männer, die einen Anzug oder Krawatte tragen.

Dann könnten Sie diese mit folgendem Wortlaut ansprechen:

💬 *Hallo, wir hätten eine kurze Frage an Sie. Mein Kollege und ich, wir haben Sie schon von Weitem kommen sehen und haben uns gefragt, was jemand, der so toll und businessmäßig gekleidet ist, wohl beruflich macht.*
Ich habe gewettet, das Sie im Banksektor tätig sind, mein Kollege tippt eher auf

Beispiel für eine Ansprache – hier für Finanzdienstleister

45

Unternehmensberatung. Sagen Sie, wer von uns liegt denn da richtig?

... und so geht es weiter

Nun gibt es der Erfahrung nach drei mögliche Antworten. Wenn er tatsächlich Banker ist, sagen Sie voller Begeisterung zu Ihrem Kollegen:

💬 *Wow, siehst du, Kollege, da habe ich richtig gelegen!*

Wenn er sagt, er sei Unternehmensberater, dann antworten Sie:

💬 *Na super, Kollege. Da hast du heute den richtigen Riecher gehabt!*

Wenn er sagt, dass er weder Banker noch Unternehmensberater ist, dann antworten Sie:

💬 *Na, so was aber auch. Mensch, Kollege, da haben wir uns beide getäuscht. Dürfen wir mal fragen, was jemand wie Sie beruflich macht?*

Bei dieser Art der Ansprache wird Ihnen Ihr Gegenüber der Erfahrung nach immer mitteilen, was er beruflich macht, und dann nachfragen, warum Sie das wissen wollen.
Antworten Sie nun einfach mit der folgenden simplen Erklärung:

💬 *Wissen Sie, der Hintergrund unserer Ansprache ist folgender: Mein Kollege und ich, wir sind selbstständige Unternehmer. Wir sind im Vertrieb tätig und haben immer ein Auge auf außergewöhnliche Persönlichkeiten aus dem Wirtschaftsleben. Sagen Sie, sind Sie im Moment offen für ein gutes geschäftliches Angebot? Wäre es interessant für Sie, nebenbei noch etwas dazuzuverdienen oder beruflich mal über den Tellerrand hinauszuschauen?*

„Mein Kollege und ich sind selbstständige Unternehmer. Wir sind im Vertrieb tätig und haben immer ein Auge auf außergewöhnliche Persönlichkeiten aus dem Wirtschaftsleben. Sind Sie offen für ein gutes geschäftliches Angebot?"

Falls Sie im Gesundheits- und Wellnessbereich arbeiten und Nahrungsergänzungen oder Gesundheitsprodukte zu Ihrem Portfolio gehören, könnten Sie unter Zuhilfenahme der Berufswette auch sehr elegant mit sportlichen Menschen ins Gespräch kommen. Wenn Sie also jemanden sehen, der nach Ihrer Einschätzung mehrmals pro Woche ein Fitnessstudio von innen sieht, dann eröffnen Sie folgendermaßen:

💬 *Hallo, kurze Frage an Sie! Mensch, Sie sind so gut in Form, wir konnten Sie einfach nicht vorbeigehen lassen. Dürfen wir fragen, was denn jemand, der so sportlich und dynamisch unterwegs ist, beruflich macht? Mein Kollege und ich haben nämlich gewettet. Ich würde auf Personal Trainer tippen, mein Kollege sagt, Sie sind bestimmt eher Sicherheitsmann oder*

Beispiel Gesundheit/ Wellness/Nahrungsergänzungen

Kontaktaufnahme in verschiedenen Alltagssituationen

Personenschützer. Wer von uns beiden hat denn jetzt recht gehabt?

Sollten Sie eher Frauen als Zielpersonen kontaktieren, weil Ihr Thema Schmuck und Beautyprodukte sind, dann könnten Sie sich Damen auswählen, die gut geschminkt sind, die Schmuck tragen oder die besonders schick und modisch gekleidet sind. Eröffnen Sie am besten mit einem Kompliment und sagen Sie Folgendes:

Beispiel Schmuck/Beauty

💬 Hallo, wir hätten eine kurze Frage an Sie! Mein Kollege und ich, wir haben Sie schon von Weitem kommen sehen und wollten Ihnen mal ein Kompliment machen. Mensch, Sie sind so toll gekleidet, da haben wir uns gefragt, was eine junge, dynamische Lady von Ihrem Format wohl beruflich macht. Ich war der Meinung, Sie sind bestimmt im Kosmetik- oder Beautybereich tätig, mein Kollege meint, Sie machen bestimmt etwas mit Mode ...! Wer hat denn da jetzt recht gehabt von uns beiden?

Für diejenigen, die sich die Frage stellen, ob sie nun den ganzen Tag umherlaufen und fremde Menschen fragen sollen, was sie beruflich machen, hier ein kleiner Hinweis: Während sich die einen noch genau diese Frage stellen, machen die anderen mit der Berufswette schon tolle

Kontakte. Falls Sie zu denjenigen gehören, die vielleicht noch ein konkretes Beispiel für eine Alltagssituation brauchen, in der die Berufswette passen könnte, möchte ich an dieser Stelle eine Konstellation skizzieren, in der wir uns alle schon mal befunden haben und die auch in Zukunft das eine oder andere Mal wieder auftauchen wird.

Berufswette in der „Solo"-Version: Beispiel Wartezeit vor dem Interessentengespräch

Stellen Sie ich vor, Sie haben einen Termin mit einem Interessenten in einem Café. Vorbildlich, wie Sie sind, erscheinen Sie natürlich zwanzig Minuten früher. Sie suchen sich ein gemütliches Plätzchen, trinken einen Kaffee und warten auf Ihren Termin. Nachdem Sie ungefähr fünf Minuten da sind, setzt sich an den Nachbartisch ein junger, dynamischer Mann mit einem Notebook und fängt ohne Verzögerung sehr konzentriert an zu arbeiten. Er schreibt wie ein Wilder und strapaziert seine Tastatur derartig, dass Sie sich insgeheim die Frage stellen: Mensch, was mag der da wohl schreiben, was macht der nur beruflich?
Vielleicht kennen Sie das: Genau in diesem Moment entsteht bei Ihnen ein innerer Monolog, wie man ihn führt, wenn man im Urlaub ist und auf der Strandpromenade interessante Menschen beobachtet. Man fragt sich insgeheim, was mag der wohl tun, was mag die wohl sein, oder so ähnlich. So auch in dieser Situation. Sie beobachten den „Kollegen" weiter aus den Augenwinkeln

Kontaktaufnahme in verschiedenen Alltagssituationen

und stellen fest, dass dieser junge Mann sehr sympathisch wirkt, ja fast wie ein angehender Jungmanager.

Sie haben nun zwei Möglichkeiten. Die erste ist die, dass Sie es bei ein, zwei Blicken bewenden lassen, sich auf Ihren Kaffee konzentrieren und sich nicht weiter für diesen jungen Mann interessieren. Diese Variante wird übrigens von den meisten von uns bevorzugt.

Die andere wäre, ein- oder zweimal interessiert zum Nachbartisch hinüberzuschauen, Blickkontakt zu suchen und den jungen Mann fragend anzuschauen. Wenn Sie das dritte Mal hinüberschauen und Ihr Blickkontakt erwidert wird, dann lächeln Sie doch kurz und eröffnen Ihr Gespräch mit folgendem Satz:

💬 *Sorry, ich hätte eine kurze Frage. Ich muss irgendwie die ganze Zeit zu Ihnen rüberschauen und frage mich, was Sie wohl beruflich machen. Sie sind ja so engagiert am Schreiben. Sind Sie Redakteur für eine Zeitung, vielleicht Schriftsteller, oder sind Sie eher IT-Experte?*

„Sie sind ja so engagiert am Schreiben. Sind Sie Redakteur für eine Zeitung, vielleicht Schriftsteller, oder sind Sie eher IT-Experte?"

Was wird nun passieren? Ich kann es Ihnen sagen. Der junge Mann wird nicht antworten: „Das sage ich Ihnen nicht, weil wir uns nicht kennen!" Nein, er wird sagen: „Ich bin weder Redakteur noch IT-Experte. Ich bin BWL-Student und stehe kurz vor der Abgabe meiner Abschlussarbeit. Ich muss noch einiges nachholen, deswegen sitze ich hier und schreibe."

Wow, werden Sie sagen. BWL, da machen wir ja fast das Gleiche. Ich mache nämlich angewandte BWL. Ich bin selbstständiger Unternehmer ... ☺
Sie werden den jungen Mann fragen, ob er schon konkrete Pläne habe und ob er bereits wisse, wo es beruflich mal hingehen solle. Er wird sagen: „Nein." Sie werden fragen, was er direkt im Anschluss an das Studium machen werde, und er wird sagen: „Steht noch nicht genau fest, wahrscheinlich erst mal ein Jahr Auslandsaufenthalt."

Sie werden sagen „Wow" und weiterhin anmerken, ob Geldverdienen für ihn ein Thema sei. Er wird sagen: „Ja, worum geht es denn?" – Sie werden antworten:

💬 *Ich bin Personalverantwortlicher der Firma ..., und wir expandieren gerade hier in der Region. Wir stocken derzeit die Zahl unserer Geschäftspartner auf, weil wir im letzten Jahr enorme Umsatzzuwächse hatten, wir arbeiten nämlich im Markt für ... Sagen Sie mal, junger Mann, wären Sie interessiert daran, das Know-how, das Sie im BWL-Studium erworben haben, mal einem Praxistest zu unterziehen? Das Ganze bei freier*

Kontaktaufnahme in verschiedenen Alltagssituationen

Zeiteinteilung und außergewöhnlich guter Bezahlung!

Mit großen und interessierten Augen wird er fragen, was er sich darunter vorzustellen habe und wie Sie das genau meinten. – Sie sagen dann:

💬 *Ganz einfach. Wir haben Stellen in drei unterschiedlichen Bereichen zu vergeben. Zum einen im Bereich Sales and Service, des Weiteren im Bereich Teambuilding and Education, und der dritte Bereich wäre der Bereich Human Ressources and International Businessbuilding.*

Wenn Sie sich jetzt fragen, was das für Stellen sind, dann rufe ich Ihnen zu: Das sind genau die Stellen und Aufgabenbereiche, die es in jedem Vertrieb und Network-Marketing-System gibt.
Sie hätten auch sagen können, Sie suchten noch Leute für den Verkauf und Kundenservice, für Teambetreuung und den Ausbildungsbereich und mittelfristig auch für den Bereich Teamführung und internationalen Geschäftsaufbau. Aber das hört sich doch langweilig an, oder?
Zugegeben, nicht jeder von uns, einschließlich meiner selbst, ist der englischen Sprache mächtig. Aber ich habe in meiner eigenen Vertriebslaufbahn die Erfahrung gemacht, dass Menschen nicht aus rationalen Gründen „kaufen" und auch

nicht die Fakten bis ins Detail prüfen, wenn sie irgendwo im MLM einsteigen. Nein, sie steigen deswegen ein, weil sie vielleicht ein bisschen unzufrieden oder auf der Suche nach irgendetwas sind.

Und sie steigen ein, wenn ihnen die Chance in der Sprache präsentiert wird, die sie auch verstehen. Übrigens unterhalten sich Menschen, die BWL studiert und oder einen MBA gemacht haben, sehr gerne englisch. Wie gesagt, warum sollte man einem angehenden Topmanager sein Aufgabenprofil nicht in auf Englisch erklären?

Meine Devise lautet: „Von mir bekommt es jeder so, wie er es braucht!"

Warum sollte man einem angehenden Topmanager sein Aufgabenprofil nicht in auf Englisch erklären?

4. Das Prinzip, positives Verhalten zu honorieren

Neben der Möglichkeit, Menschen für Äußerlichkeiten – Dynamik, sportliches Erscheinungsbild oder tolle Klamotten – ein Kompliment zu machen, gibt es noch weitere Varianten, die oftmals unterschätzt oder gerne auch vergessen werden.

Auch einmal Komplimente für perfekte Dienstleistungen machen!

Was ist zum Beispiel mit Menschen, von denen Sie in irgendeiner Weise gut beraten werden? Oder ist Ihnen vielleicht schon mal etwas besonders gut verkauft worden? Oder waren Sie mal in einem Fitnessstudio, wo Sie ein besonders engagierter Trainerkollege eingewiesen hat, bei einem Physiotherapeuten, der sein Handwerkszeug besonders gut beherrschte? Oder haben Sie schon mal eine besonders nette Servicekraft in einem Café erlebt, die sich außergewöhnlich aufmerksam um Ihr leibliches Wohl gekümmert hat?

Ja, es gibt sie noch, diese besonderen Menschen! Diese Menschen, von denen wir sagen: Wow, wie der/die das gemacht hat, so habe ich es in letzter Zeit selten erlebt, oder so hat es überhaupt noch keiner gemacht.

Man findet in der Tat Zeitgenossen, die verkaufen dir eine Bratwurst und du meinst, du warst bei einer Show in Las Vegas. Denken Sie nur an die begnadeten Hamburger Fischverkäufer oder andere Dienstleister zum Beispiel aus der Gastronomie.

Apropos Gastronomie: Dort arbeiten Menschen, denen ich besonders gern Komplimente für ihre Dienstleistung mache. Wie das geht, möchte ich anhand eines Erlebnisses schildern, das ich auf einer unserer Seminarveranstaltungen hatte, die wir für eine Networkfirma durchführten.
Auf besagtem Event waren ungefähr 100 Vertriebler anwesend, die im Geldgeschäft arbeiten. In der Mittagspause hatten wir die Situation, dass die Teilnehmer im wahrsten Sinne des Wortes mit knurrenden Mägen und total unterzuckert ins Restaurant stürmten, um ihr wohlverdientes Mittagessen einzunehmen. Dort angekommen, gab es allerdings ein „kleines" Problem. Das Essen war nämlich noch nicht fertig. Die Kolleginnen und Kollegen waren darüber nicht gerade erfreut. Im Gegenteil, einige waren ziemlich außer sich und ließen ihre schlechte Laune umgehend am Personal aus.
Unter den fünf anwesenden Servicekräften, die nun dafür verantwortlich gemacht wurden, waren drei Auszubildende, die mit der Situation total überfordert waren. Die Seminarteilnehmer schimpften, und die Lehrlinge hatten augenscheinlich nur eines im Sinn: schnellstens weg! Auch der vierte Kollege hatte so seine Probleme,

Kontaktaufnahme in verschiedenen Alltagssituationen

dem Unmut seiner Gäste standzuhalten. Er war zumindest noch ein wenig „wehrhaft", aber er war nicht wirklich gut, geschweige denn dass er mit der Situation klargekommen wäre.

Der fünfte Kollege allerdings war ein ganz besonderer Mensch. Ich glaube, wenn ich ihn hier als „Adler" bezeichne, können die meisten der Leser etwas damit anfangen. Es war auf gut Deutsch eine Augenweide, dabei zuzusehen, wie er diese schwierige Situation meisterte. Er managte zirka 15 – 20 Personen gleichzeitig und gab sein Bestes, die hungrigen Seminarteilnehmer zufriedenzustellen.

Es war eine Augenweide, wie er diese schwierige Situation meisterte

„Ich bitte Sie noch um ein klein wenig Geduld", „Ich lade Sie auf einen Espresso ein", „Sie bekommen was Süßes von mir", „Ich mache der Küche richtig Dampf" und „Wir tun, was wir können" – das waren die Antworten, mit denen er die Leute „in Schach hielt". Kurz und gut: Er war der geborene Dienstleister.

Mit großem Vergnügen beobachtete ich den Verlauf der Situation und sagte dann zum Vertriebsleiter der Firma, die uns für diese Veranstaltung gebucht hatte: „Sieh dir doch mal den Typen dort an. Wie der diese schwierige Situation meistert, das ist doch toll, oder?" – „Ja", sagte er, „der macht das richtig gut."

Ich fragte weiter: „Kannst du so jemanden in deiner Mannschaft gebrauchen? Würde der zu euch ins Team passen?"

„Wie meinst du denn das?", fragte er. – „So, wie ich es gesagt habe. Würde der zu euch ins Team passen, hättet ihr für so ein Kommunikationstalent noch eine ‚Stelle' frei?"

Etwas verdutzt sah mich der Vertrieblseiter an und sagte noch etwas zögernd: „Natürlich!"

Ich fragte weiter: „Willst du ihn haben!?" – „Wie?" – „Na, in deinem Team", legte ich noch etwas intensiver nach.

„Ja", war die Antwort, „aber wie wollen wir denn den kriegen?"

„Du", sagte ich, „wir gehen einfach hin und fragen ihn, ob er Lust hat, bei uns mitzumachen." – „Jetzt gleich?", fragte der Vertriebleiter zurück. – „Wann denn sonst, komm mit, wir sprechen ihn gemeinsam an! Auf geht's!", war meine Antwort.

In diesem Moment schien der Kollegen weiche Knie zu bekommen, weil ich geradewegs auf den Servicemann zuging. „Warte mal", sagte er, „du würdest den jetzt tatsächlich ansprechen wollen?", fragte er etwas umgläubig.

„Junge", sagte ich, „was heißt hier wollen? Natürlich spreche ich den an. Was glaubst du denn, worüber ich die letzten drei Stunden zu deinen Leuten gesprochen habe? Über Direktkontakte, und das bedeutet: ‚immer und überall mit Spaß

> „Würde der zu euch ins Team passen, hättet ihr für so ein Kommunikationstalent noch eine ‚Stelle' frei?"

und Niveau' auf andere Menschen zuzugehen und sie für ein Geschäft, ein zweites Standbein oder einen guten Zusatzverdienst zu begeistern. Gerade diese Situation ist doch top. Wir können ihm ein Kompliment machen für seine hervorragende Arbeit, und dann haben wir eine super Gesprächsgrundlage. Das ist schon die halbe Miete, glaub mir!"
„Warte doch noch ein wenig, lass uns mit ihm reden, wenn das Meeting heute vorbei ist, ich mag jetzt noch nicht hingehen", bat er mich. – „Na gut, so machen wir das", sagte ich zu ihm und ergänzte: „Wenn wir allerdings nicht jetzt hingehen, kann es sein, dass er nach unserem Meeting schon nicht mehr im Hause ist!"

Um den Lerneffekt für den interessierten Leser zu intensivieren, möchte ich Folgendes anmerken: Das sind genau die Situationen, in denen man sofort zugreifen muss. Ich habe an diesem Tag dem Vertriebsleiterkollegen den Gefallen getan und wir haben den Servicemann erst nach der Veranstaltung angesprochen, aber alleine wäre mir das nicht passiert. Ich hätte sofort die Gunst der Stunde genutzt, weil ich in der Vergangenheit selbst zu viele Gelegenheiten verstreichen ließ, in der Hoffnung, etwas später eine noch bessere Chance zu bekommen. Leider blieb es meistens bei der Hoffnung und ohne Ergebnis, weil immer etwas anderes dazwischenkam und eine Ansprache damit nicht mehr möglich war. Eins, zwei, drei, Chance vorbei.

Merke: Es gibt im Vertriebsleben keine Sicherheiten, sondern immer nur Gelegenheiten, und es ist kein Geheimnis, dass meistens diejenigen belohnt werden, die die Gelegenheiten nicht nur sehen, sondern zugreifen, wenn sich Chancen zur Ansprache ergeben, und zwar sofort und ohne Umwege!

Im Vertriebsleben werden meistens diejenigen belohnt, die zugreifen, wenn sich Chancen zur Ansprache ergeben

Im oben beschriebenen Fall hatten wir Glück, und der junge Mann war nach unserer Veranstaltung immer noch im Haus. Wir gingen auf ihn zu, und ich sprach ihn mit folgendem Wortlaut an:

💬 *Junger Mann, dürfen wir Ihnen mal ein Kompliment machen?!*

🗨️ *Ja bitte, wofür denn?*

Ein beispielhaftes Gespräch: So redeten wir den Service-Mitarbeiter an, der uns positiv aufgefallen war

💬 *Mein Kollege und ich, wir haben Sie in der Mittagspause ein wenig beobachtet, und uns hat supergut gefallen, wie Sie mit dieser schwierigen Situation umgegangen sind. Unseren großen Respekt und Hochachtung dafür!*

„Vielen Dank", erwiderte er und verbeugte sich leicht vor uns. – Ich sagte zu ihm:

💬 *Bei Ihnen merkt man richtig, dass Sie Ihren Job gerne machen! Sie sind bestimmt in der Gastronomie so gut wie aufgewachsen. Oder?*

„Oh ja", war seine spontane Antwort, und mit leuchtenden Augen erklärte er uns, welche Qualifikationen er erworben und welche Tätigkeiten er bisher schon alles in der Hotellerie ausgeübt habe. Zu guter Letzt schloss er mit der Aussage:
„In diesem Hotel arbeite ich erst seit Kurzem und bin als FB-Manager eingesetzt. Zusätzlich betätige ich mich auch noch als Dozent und mache Ausbildungen für Servicekräfte."
Ich darauf:

💬 *Was, das ist ja toll. Da machen wir ja fast dasselbe. Wir sind zwar in einer anderen Branche und in einem anderen Geschäft tätig. Aber Ausbildung ist auch zu einem sehr großen Teil unser Thema. Wir arbeiten in der Finanzdienstleistungsbranche und sind zuständig für alles, was mit Personal und Schulung zu tun hat. Wir bauen momentan hier in der Region neue Repräsentanzen auf.*

💬 *Aha, das ist ja interessant.*

💬 *Ja, das ist es. Und vor allem Sie wären unter Umständen ganz interessant für uns.*

🗨 Ach, in welcher Beziehung denn?

🗨 Jemanden mit so ausgeprägtem Servicesinn und Kommunikationsvermögen könnten wir glatt in unseren Reihen gebrauchen. – Sagen Sie: Wenn das Angebot stimmt, können Sie sich vorstellen, dass Sie Ihr Know-how, das Sie aus dem Dienstleistungsbereich mitbringen, vielleicht in einer anderen Branche gewinnbringend einsetzen? Oder sind Sie mit der Hotellerie verheiratet?

🗨 Nein, ich bin nicht mit der Hotellerie verheiratet, aber was gäbe es denn zu tun?

🗨 Ganz einfach. Wir expandieren im Moment recht stark und brauchen Menschen mit Führungsqualitäten, die sich vorstellen können, mittelfristig in der Ausbildung, Betreuung und Gewinnung neuer Partner für unser Unternehmen mitzuhelfen. Sozusagen das Gleiche, was Sie auch jetzt schon tun, nur in einer anderen Branche und vielleicht ein bisschen besser bezahlt. Macht das Sinn, dass wir uns mal unverbindlich unterhalten? Ich würde Sie sehr gerne persönlich kennenlernen!

🗨 Ja, warum nicht? Ich bin zwar erst recht neu hier, aber reden kann man ja mal.

Das **Prinzip der Anerkennung** ist sehr mächtig! Nutzen Sie es beim „Abgreifen" von Human Ressources aus anderen Branchen!

Ich gab ihm meine Karte und bat ihn um seine, die er daraufhin bereitwillig aushändigte. „So einfach geht das", sagte ich zum Vertriebleiter, als der angesprochene Kollege wieder seiner Arbeit nachging.

Dieses Prinzip heißt: „das Abgreifen von Human Ressources aus anderen Branchen"! Und für Sie, lieber Leser, liebe Leserin, möchte ich es noch ein wenig beleuchten.

Es gibt doch Tausende Menschen da draußen, die irgendwo im Verkauf, als Berater, Dienstleister, Führungskraft oder auch im sozialen Bereich einen guten oder sogar sehr guten Job machen. Menschen, die ausgezeichnet führen können, die ein super Feeling im Umgang mit anderen Menschen haben oder die Ihnen in irgendeiner anderen Form etwas Gutes tun.

Tollen Menschen begegnet man immer wieder – und man sollte ihre Leistungen honorieren!

Das sollte man doch mit Lob und Anerkennung honorieren!
Jeder von uns, auch wer in der gottverlassensten Region wohnt, ja auch dort, wo man den Mond noch mit der Wäschestange weiterschiebt, hat ein-, zwei- oder dreimal die Woche Kontakt mit solchen tollen Menschen.
Warum die Chance nicht nutzen und diese Leute ansprechen? Ich weiß, die meisten würden so etwas nie tun, aber genau deswegen sind die

Kontaktaufnahme in verschiedenen Alltagssituationen

meisten auch nicht erfolgreich. Network ist und bleibt ein Kontaktgeschäft, und der direkte Kontakt zu Menschen, und zwar Auge in Auge, war schon immer der beste. Hier kann man sofort prüfen, ob man einen „Draht" zueinander finden kann, ob eine gewisse Grundsympathie da ist und inwieweit es Sinn macht, das Gespräch zu vertiefen oder vielleicht an anderer Stelle und zu einem späteren Zeitpunkt fortzuführen.

Networker sind Unternehmer, und Unternehmer brauchen gutes Personal

Jeder Networker ist doch selbstständiger Unternehmer – die meisten zwar nur im Nebenberuf, aber trotzdem. Ein Unternehmer kann es sich doch gar nicht leisten, kein gutes Personal zu gewinnen. Die Menschen mit den Talenten, von denen ich gerade gesprochen habe, sind doch die idealen Geschäftspartner. Sie arbeiten im Moment nur noch woanders, und Ihre Aufgabe ist es, sie einfach „zu sich rüberzuholen"!

Eine Grundvoraussetzung, um solche Situationen zu nutzen, ist, hellwach zu sein und sie überhaupt erst einmal sehen und wahrnehmen zu lernen. Die meisten Vertriebler rennen durch den Tag, als hätten sie Tomaten auf den Augen, und lassen eine Chance nach der anderen an sich vorbeiziehen. Dabei läuft das Geld mehr oder weniger auf der Straße rum.

Aber keine Angst, jeder Erleuchtete hat eine Vergangenheit, und jeder Sünder hat eine Zukunft.

Auch bei mir war das einmal ähnlich, aber wenn man das Kontakterauge jeden Tag ein wenig mehr schult, bekommt man bald den Blick für besondere Menschen, außergewöhnliche Talente und einzigartige Situationen, in denen es sich lohnt, einen Kontakt zu machen.

Diesen Blick braucht man zwangsläufig, um ein gutes Rekru-Tier und ein guter Direktkontakter zu werden.

„Das Kontakterauge schulen" – um besondere Menschen, außergewöhnliche Talente und einzigartige Situationen zu erkennen

Kontaktaufnahme in verschiedenen Alltagssituationen

Man muss nicht unbedingt **verrückt sein,** um im Vertrieb Erfolg zu haben, aber es **erleichtert die Sache ungemein!**

5. Autokontakten

Eine ganz verrückte und spezielle Strategie ist ja das Kontaktieren von interessanten Menschen aus dem Auto heraus. Ich persönlich hatte in dieser Beziehung einige Aha-Erlebnisse, die ich gern schildern möchte.

Mein „erstes Mal" war ein Kontakterlebnis in Leipzig, als mein Coach einen jungen Mann ansprach und ihn um einen Tipp bezüglich einer guten Location zum Biertrinken bat. Als sich dieser junge Mann als recht kommunikativ entpuppte, nutzte mein Coach die Gunst der Stunde, um ihn auf einen Zusatzverdienst anzusprechen – und siehe da, sein Gegenüber war „offen" und notierte Name und Telefonnummer auf einem Zettel.

Das war nicht nur die Urmutter aller meiner Direktkontakte, sondern auch der erste „Autokontakt". Zwar noch gar nicht bewusst, aber immerhin hatten wir das Auto nicht einen Zentimeter verlassen, um diesen Menschen zu kontaktieren.

Wie effektiv Kontakten aus dem Auto heraus ist, stellten wir eher zufällig fest

Die Autostrategie wurde dann von uns unbewusst weiterverfolgt, als wir eines Tages vor einem Gewitter flüchtend auf einem Parkplatz im Auto saßen und bei halb geöffnetem Fenster mit ein paar Leuten, die an unserem Auto vorbeiliefen, ins Gespräch kamen. Auch hier ergaben sich ein paar Telefonnummern.

Kontaktaufnahme in verschiedenen Alltagssituationen

Die Weiterführung dessen waren Ansprachen aus dem Auto heraus, immer dann, wenn wir an einem interessanten Menschen vorbeifuhren. Wir stoppten in so einem Fall kurz unser Gefährt und eröffneten das Gespräch mit den Worten:

💬 *Hallo, wegen Ihnen haben wir jetzt extra mal angehalten. Sie sind so toll gekleidet, sind Sie hier aus der Gegend?*

So kam es, dass wir in Zukunft immer, wenn wir relativ wenig Zeit zur Verfügung hatten, ein paar Runden um den „Block" drehten, um unsere Kontakte sehr zeitsparend und effektiv aus dem Auto heraus zu machen. Hierbei stellten wir dann so nebenbei fest: Je hochwertiger und besser das Auto, mit dem wir unterwegs waren, desto besser waren unsere Quoten beziehungsweise Anspracheerfolge. Oder, anders ausgedrückt: Wenn ein 25-jähriger Mann aus einem schwarzen 7er BMW mit Vollausstattung und Chromfelgen angesprochen wurde, war die Bereitschaft, sich interessante Geschäftsideen anzuhören, größer, als wenn wir die Aktion mit meinem damaligen Honda Accord machten.

In Anlehnung an dieses „Wissen" haben wir uns dann hin und wieder eines unserer Traumautos in einem Autohaus zur Probefahrt ausgeliehen und

Je hochwertiger das Auto, mit dem wir unterwegs waren, desto besser waren unsere Quoten beziehungsweise Anspracheerfolge

haben dann den halben Tag mit Spazierenfahren und „Autokontakten" verbracht!

Zu guter Letzt habe ich dann sogar ein paar junge, motivierte und sehr wilde Vertriebler kennengelernt, die die Anschaffung eines Porsche oder Audi R 8 damit rechtfertigten, jeden Tag zehn gute Telefonnummern zu bekommen, und somit die Rate für das Auto als eine Investition in ihr Geschäft sahen.

Eventuellen Nachahmern möchte ich noch Folgendes sagen: Ich habe Kollegen erlebt, die sind mit dieser Strategie total „baden gegangen", weil sie nur durch die Gegend gefahren sind und sich bewundern ließen, dann aber vergessen haben, sich von den Bewunderern die Telefonnummern aufschreiben zu lassen. Es gab aber auch mehrere sehr schlaue und auch erfolgreiche Kollegen, die haben in der Tat jede Gelegenheit, in der ein Bewunderer mit offenem Mund vor diesem Traumauto stand, genutzt, um zu sagen:

💬 *Gefällt der Ihnen auch so gut wie mir? Was machen Sie denn beruflich, vielleicht kann ich Ihnen helfen, in relativ kurzer Zeit auch so ein Auto zu fahren. Sind Sie offen, wenn es um das Thema Geldverdienen geht?*

Bingo!

Die sieben größten Fehler beim Direktkontakt

Die sieben größten Fehler beim Direktkontakt

Warum überhaupt über Fehler sprechen?
Genauso wie man bei einer Zielplanung aufschreiben sollte, wo man hinwill und wovon man wegwill, also seine „Hin-zu"- und seine „Weg-von"-Motivation, macht es durchaus Sinn, sich beim Erlernen des Direktkontakts damit zu beschäftigen, was man *nicht* tun sollte. Jeder Mensch ist anders, und es gibt sicherlich einige, die auch mal extrem froh darüber sind zu wissen, wie es nicht funktioniert!

1. Erst starten, nachdem die „perfekte Pitch" kreiert ist?

An dieser Stelle möchte ich es ein weiteres Mal klarstellen: Es gibt keine perfekte Pitch! Die Suche nach der perfekten Pitch ist nur ein weiterer von vielen schwindsüchtigen Gründen, um nichts tun zu müssen. Die Aussage „Erst wenn ich die perfekte Pitch habe, dann starte ich" ist schlichtweg Schwachsinn. Das ist das Gleiche, wie wenn jemand, der abnehmen will, sagt: „Wenn ich erst mal abgenommen habe, dann gehe ich kontinuierlich ins Fitnessstudio." Oder wie wenn jemand sagt: „Wenn ich den richtigen Partner habe, dann werde ich mich ändern." Oder: „Wenn ich den idealen Job habe, dann strenge ich mich richtig an."

Es gibt keine perfekte Pitch!

Genauso gibt es Networker, die behaupten Stein und Bein, dass sie nur mit Leuten zusammenarbeiten, die wirklich gut sind und auch zu hundert Prozent wollen.

Wie soll das gehen, wenn ich selber noch nicht mal richtig gut bin und zu hundert Prozent will? Ja, ja, das ist etwas anmaßend, weil ja jeder von sich denkt, dass er ein Guter ist. Aber glauben Sie mir: Sie sind erst ein Guter oder eine Gute, wenn Sie es auch schaffen, die anderen Guten in der Praxis von Ihrem Geschäft zu überzeugen – nicht wenn Sie sich von Ihrer subjektiven und persönlichen

Die sieben größten Fehler beim Direktkontakt

Meinung leiten lassen und denken, Sie wären ein Guter. Zu philosophisch? Dann kommen wir doch zurück zur „perfekten Pitch"!

Genauso wie der Vorsatz, wirklich nur mit den Besten zusammenarbeiten zu wollen, dazu führt, dass mit fast gar niemandem gesprochen und deswegen auch niemand gesponsert wird (die Besten sind nun mal nicht so dicht gesät, und auf sie zu warten, benötigt einiges an Zeit. Bei einigen Networkern gehen dann auch schon mal ein paar Jahre ins Land, bis sie dann mal einen Geschäftspartner gewinnen), führt das Streben nach der „perfekten Pitch" nur zu einem: zur Lähmung.

Streben nach Perfektionismus bei der Direktansprache ist falsch – man lernt sie nur durch die Praxis

Das Streben nach Perfektionismus in diesem Bereich ist kontraproduktiv, denn gerade bei der Direktansprache muss man starten und *tun*, um irgendwann gut zu werden, und man muss es immer öfter tun, um sehr gut zu werden.

2. Menschen im letzten Moment doch nicht ansprechen

Hier beschreibe ich es als Fehler, aber eigentlich würde ich gerne noch ein Stück weiter gehen. Ich möchte dieses Verhalten eigentlich als „sich selbst geißeln" bezeichnen.

Kennen Sie das Gefühl, wenn man will, aber nicht kann? Unzählige Male habe ich in meiner eigenen Laufbahn als Kontakter selber erleben müssen, wie unbefriedigend es ist, wenn man Menschen ausspäht, um sie zu kontaktieren – um es dann im letzten Moment, in dem Moment, in dem es einfach nur noch drauf ankommt, aktiv zu werden, doch nicht zu tun. So nach dem Motto:

Das furchtbare Gefühl, im entscheidenden Augenblick inaktiv zu bleiben

„Oh, da hinten kommt einer! Der könnte passen!"
„Ah, er kommt näher! Der schaut wirklich gut aus!"
„Gleich ist er da. Den spreche ich an!"
„Er ist da! Aber ich habe eine Sprachhemmung!"
„Es ist im Moment aus vielerlei Gründen schwierig, ihn anzusprechen!"
„Er ist vorbei, aber noch nicht weg!"
„Ich kann ihn noch sehen, er ist noch nicht weit weg."
„Er ist weg."
„Ich hatte keine Chance!"

Ich persönlich kam mir damals immer vor wie ein getretener Hund. Das ist das Schlimmste, was man sich antun kann! Zumindest ging es mir immer so, dass ich danach schlecht drauf war, und ich weiß aus tiefstem Herzen, dass es Ihnen in so einer Situation genauso geht.

Ich fühlte mich immer so richtig miserabel – bis zu dem Tag, an dem ich mich wegen dieses Verhaltens selbst nicht mehr leiden konnte und die Entscheidung traf, dass mir das niemals wieder passieren wird!

Wenn dir also jemand gefällt und du ihn ansprechen möchtest, dann solltest du schon im Interesse des eigenen Ego diese Person auch unbedingt kontaktieren und nicht im letzten Moment noch „den Schwanz einziehen".

Mit jedem Menschen, den man sich aussucht und nicht kontaktiert, schwindet das Selbstbewusstsein ein Stückchen mehr. Das ist wie heiß und kalt geduscht oder als ob man sich selbst verprügelt. Der Ärger darüber ist nämlich genau in dem Moment, in dem man es *nicht* getan hat, noch größer! Devise: „Wenn man jemanden im Auge hat, dann wird durchgezogen, ohne Kompromisse, alles andere ist kontraproduktiv!"

„Wenn man jemanden im Auge hat, dann wird durchgezogen, ohne Kompromisse, alles andere ist kontraproduktiv!"

Kleiner Tipp an dieser Stelle: Ich habe, um dieser unbefriedigenden Situation vorzubeugen, Folgendes gelernt:

Ich mache wesentlich früher auf mich aufmerksam und bahne den Kontakt schon vorab an:

1 10 Meter: Blickkontakt

2 8 Meter: Lächeln

3 6 Meter: Kopfnicken und Grüßen!

4 4 Meter: Ich hebe die Hand und winke

5 2 Meter: Ich zeige mit dem Finger auf meinen Kandidaten und sage:

💬 *Hallihallo, darf ich Sie mal kurz ansprechen? Sie sind mir schon von Weitem aufgefallen!*

6 1,50 Meter: Er bleibt kurz vor mir stehen und fragt: „Ja, was ist denn?"

Sich selbst überlisten: den anderen frühzeitig auf sich aufmerksam machen!

3. Ergebnisse planen anstelle von Aktivitäten

Wenn man Ergebnisse plant, läuft man bei der Direktansprache immer Gefahr, dass man manchmal am Anfang noch nicht die gewünschten Resultate erzielt. So kann es möglicherweise passieren, dass man an einem Tag drei Kontakte machen will, durchaus fleißig ist und zehn Ansprachen in einer Stunde durchführt, aber nur eine einzige Telefonnummer erhält!

Zehn Ansprachen sind ja eigentlich akzeptabel, und eine Telefonnummer ist besser als keine. Allerdings wird die durchaus gute Leistung dadurch getrübt, dass man das eigentliche Ziel von drei Telefonnummern nicht erreicht hat. Das ist dann ein Tag, an dem man sich sagt: „Mist, heute habe ich mein Ziel nicht erreicht" – und die Motivation geht nach unten.

Besser wäre also, vorab immer nur die Aktivitäten zu planen, also die Ansprachen, und gar keinen großen Wert auf das Ergebnis zu legen. Wenn man sich sagt, ich mache zehn Ansprachen in einer Stunde, ohne primär Wert auf das Ergebnis zu legen, dann kann man die zehn Ansprachen ohne Probleme ableisten. Und wenn man das geschafft hat, dann hat man auch ein gutes Gefühl und ist motiviert, weil man sein Tagesziel erreicht hat. Danach wird ohne Wenn und Aber Schluss

Die persönliche Konditionierung läuft immer über das Ableisten von Aktivitäten

gemacht, egal was herausgekommen ist. Wenn man das nun fünf Tage die Woche regelmäßig so durchhält, wird es Tage geben, an denen bei zehn Ansprachen nur *ein* guter Kontakt rauskommt, und an manchen werden es fünf sein!

Die persönliche Konditionierung läuft also immer über das Ableisten von Aktivitäten. Der Plan für die persönlichen Direktkontaktaktivitäten könnte also so aussehen, in den nächsten zwei Wochen pro Werktag zehn Ansprachen zu machen. Das sind 100 Ansprachen in 14 Tagen. Als Ergebnis werden definitiv 10 bis 30 neue Kontakte dabei rauskommen!

Die Intensivierung dieser Variante ist, Neins zu planen. Das ist die psychologische Umkehr, und man ist sozusagen schon auf das Nein gepolt. Wenn man Neins sammelt, dann ist ein Nein das Ziel und somit auch kein Problem mehr! So könnte man z. B. planen, pro Stunde zehn Neins zu erhalten. Das Abfallprodukt aus diesen zehn Neins werden bei den meisten ein bis drei neue Kontakte sein. Die Erkenntnis aus der Anwendung dieser Strategie wird sein, dass es manchmal ganz schön schwierig ist, zehn Neins zu bekommen.

Die Intensivierung: Neins planen. Das Nein ist dann das Ziel und somit kein Problem mehr!

4. Zu stark selektieren und werten

In nahezu jedem Direktkontaktcoaching habe ich am Anfang eine anspruchsvolle Situation, in der es sozusagen darum geht, „das Eis zu brechen".
Lange Zeit stand ich regelmäßig vor der Herausforderung, mit meinen Teilnehmern ins Tun zu kommen, weil auch ich selbst immer nach „guten Kandidaten" für die Ansprache Ausschau hielt. Mehr noch, es sollten nicht nur gute Kandidaten sein, sondern möglichst Topleute. Wie wir ja alle wissen, sind Topleute nun mal nicht so leicht zu finden, und deswegen dauerte es meist lange, bis wir unsere ersten Kontakte machten. Oft geriet ich am Ende auch noch unter Druck, weil uns die Zeit ein wenig davonlief, ohne dass wir unsere Ziele erreicht hatten.

Ich habe ja weiter oben schon mal die Spezies von Networkern erwähnt, die sagen: „Ich möchte nur mit den wirklich Guten zusammenarbeiten." Genau das war auch meine Einstellung!

Das Problem, das du beim Kontakten mit dieser Einstellung bekommen wirst, ist folgendes: Wenn du wirklich nur mit den Topleuten sprechen willst, dann wirst du zwei Stunden draußen rumrennen, ohne einen einzigen Menschen kontaktiert zu haben. Der Grund hierfür ist leicht erklärt:

Wer „nur Topleute" ansprechen will, kommt nicht ins Tun!

Das Optimum ist schwer zu finden, und deswegen fallen die meisten Menschen durch unser Selektionsraster. Ja, wir sprechen Menschen die Eignung ab, ohne ein einziges Wort mit ihnen gewechselt zu haben.

Die eine ist zu dick, der andere zu dünn, der Nächste hat einen Bart der andere ist zu alt. Wieder der Nächste hat komische Klamotten an, und der Übernächste schaut schon so skeptisch, den braucht man gar nicht anzusprechen.

Lange Rede, kurzer Sinn: Ich bin doch tatsächlich unendlich oft unterwegs gewesen, um nach zwei Stunden Kontaktarbeit ohne Ergebnisse wieder ins Büro zu kommen und felsenfest zu behaupten: „Also, heute war irgendwie gar keiner da, den es gelohnt hätte anzusprechen!"

Wir sprechen Menschen die Eignung ab, ohne ein einziges Wort mit ihnen gewechselt zu haben

Und genauso geht es 90 Prozent aller da draußen, die Kontakte machen. Sie sprechen niemanden an, weil sie zu stark selektieren, weil sie ihre eigenen Wertungen und vor allem Annahmen in ihre Auswahl mit einfließen lassen.

Sind wir mal ehrlich. Wir sind doch Weltmeister darin, Ausreden dafür zu finden, warum man den oder die jetzt gerade nicht ansprechen kann oder warum er oder sie nicht geeignet ist. Wir suchen Prinzen, statt Frösche zu küssen. Ja, wir suchen den „Superinteressenten". Den, der auf einem rosa Einhorn geritten kommt und lauthals ruft:

Der „Superinteressent" läuft Ihnen heute vermutlich eher nicht über den Weg...

Die sieben größten Fehler beim Direktkontakt

„Hallo, ich habe schon Umsatz dabei und meine ersten fünf Geschäftspartner. Wo geht es denn hier zur nächsten Geschäftspräsentation?"

Da dieser „Superinteressent" meistens nicht zu finden ist, entscheiden wir uns dann doch eher dafür, gar niemanden anzusprechen, und bleiben einen Tag um den anderen erfolglos.

... fangen Sie daher mit den Leuten an, die da sind!

Deswegen will ich Ihnen allen an dieser Stelle aus vollem Herzen zurufen: Man muss mit den Leuten anfangen, die da sind, sonst fängt man meiner Erfahrung nach niemals an. Schnitze das Holz, das dir gegeben!

Ich persönlich fange mittlerweile beim Kontakten immer mit dem Menschen an, der mir als Erstes entgegenkommt. Und wenn dieser Mensch nur ein Auge auf der Stirn hat oder wenn es die Bundeskanzlerin persönlich ist, dann spreche ich ihn oder sie trotzdem an.

Es geht erst mal gar nicht darum, ob die- oder derjenige für mein Business passen könnte, sondern darum, dass ich ins Tun komme und mich warm mache

Warum ich das mache? Hierbei geht es erst mal gar nicht darum, ob die- oder derjenige für mein Business passen könnte oder nicht. Hier geht es ausschließlich um eines: nämlich darum, dass ich ins Tun komme und mich warm mache.

Wenn ich nicht so vorgehen würde, dann würde ich auch heute noch wie viele andere stundenlang durch die Gegend latschen, ohne dass etwas passiert. Das tue ich mir nicht mehr an. Die Tage, an denen ich unterwegs war und nach zwei Stunden wieder ins Büro kam, um dann zu sagen: „Heute war keiner da …", die sind lange vorbei. Davon habe ich ein für alle Mal die Schnauze voll.

Auch in den Coachings läuft es mit dieser Strategie viel besser. Der oder die Erste, die kommt, wird ohne Rücksicht auf Verluste angesprochen. Auf die Frage „Warum hast du den oder die angesprochen, der oder die war doch gar nicht geeignet?" oder „Der/die hat doch gar nicht zur Zielgruppe gepasst?" antworte ich immer mit einem Schmunzeln: „Weil kein anderer da war" – um genau im nächsten Moment schon wieder den Nächsten oder die Nächste zu kontaktieren, egal wer das ist und egal wie er/sie aussieht.

Das Verrückte daran ist, das wir dann meist spätestens bei der dritten oder vierten Ansprache einen Zeitgenossen kennenlernen, der sich als toller Gesprächspartner entpuppt, obwohl wir ihm gar nicht zugetraut hätten, dass er so ein Netter ist.

Der schöne und nicht ganz unwichtige Nebeneffekt dieser Vorgehensweise ist, dass sie sozusagen als perfektes Warm-up für alle folgenden Ansprachen dient. Und ein bisschen „warm" zu sein, hat auch beim Reden noch nie jemandem geschadet. Glauben Sie mir: Auch mir fällt es leichter, einen Topmanager zu kontaktieren, wenn ich vorab schon mit fünf bis zehn „normalen" Leuten

Ein perfektes Warm-up für alle folgenden Ansprachen!

gesprochen und mein Stimmchen ein wenig geölt habe. Wenn ich das nicht machen würde, dann würde ich wahrscheinlich auch wie so viele andere den ganzen Tag Kontakte machen *wollen,* aber wenn es darauf ankommt, nie ins Tun kommen.

5. Das Gespräch nach Erhalt der Nummer sofort beenden

Ich selbst hatte mal eine Phase im Vertrieb, da war ich jeden Tag sehr fleißig, habe Kontakte gemacht, als ob es kein Morgen gäbe, und war argumentativ und rhetorisch in Höchstform. Auf zehn Ansprachen hatte ich eine Quote von sechs, manchmal auch sieben Zusagen, und ich glaubte daran, dass man dem Gesetz der großen Zahlen folgend nur genügend Menschen ansprechen müsste, um erfolgreich zu sein. Wie ich allerdings bald feststellen sollte, war dem nicht so.

Ich war zu dieser Zeit nicht ganz zufrieden mit den Ergebnissen meiner Arbeit. Auf gut Deutsch, ich hatte Probleme mit der Monetarisierung meiner Kontakte. Ich bekam zwar jeden Tag meine zehn Telefonnummern, allerdings war da der kleine Schönheitsfehler, dass ich zu wenige dieser Leute für ein weiterführendes Sponsorgespräch terminieren konnte.

Wenn das gelang, dann gab es einen weiteren Engpass. Es fielen in dieser Zeit zu viele Termine aus. Um genau zu sein, mehr als die Hälfte.

Da ich damals diese Situation als recht unerfreulich erlebte, begab ich mich auf die Suche nach den Gründen dafür und befragte einige meiner Kollegen, die ebenfalls erfolgreiche Direktkontakter waren, zu ihren Erfahrungen.

Die sieben größten Fehler beim Direktkontakt

> **Einer der ganz Erfolgreichen fragte: „Sag mal, interessierst du dich auch tatsächlich für die anderen Menschen, oder bist du nur auf der Jagd nach Telefonnummern?"**

Einer der ganz Erfolgreichen fragte mich damals: „Sag mal, Tobi, wenn du mit den Leuten sprichst, interessierst du dich auch tatsächlich für die anderen Menschen, oder bist du nur auf der Jagd nach Telefonnummern?"

Ich verstand die Frage nicht ganz und sagte: „Natürlich interessieren mich die Menschen." Doch mit ein wenig Abstand betrachtet, kann ich sagen, dass mir die Leute eigentlich vollkommen wurscht waren. Wie gesagt, ich hatte ja gerade etwas über das Gesetz der großen Zahl, vielen vielleicht eher als „Spaghettimethode" bekannt, gelesen und war demzufolge der Meinung, wenn ich nur genügend Spaghetti an die Wand werfe, dann bleiben schon irgendwann ein paar kleben.

Doch weit gefehlt. So sehr ich auch heute noch ein großer Verfechter davon bin, zuerst an der Quantität zu arbeiten und dann an der Qualität der Gespräche, muss ich hier ganz deutlich eines sagen: Quantität alleine reicht nicht.

> **Nur Kontaktgespräche, bei denen die Angesprochenen ein gutes Gefühl haben, werden dazu führen, dass unser Kandidat in ein Zweitgespräch einwilligt**

Nur Kontaktgespräche mit dem nötigen Tiefgang, bei denen die Angesprochenen ein gutes Gefühl haben, werden schlussendlich dazu führen, dass unser Kandidat in ein Zweitgespräch einwilligt und zu diesem auch erscheint. Kurz und gut, was nützt mir eine Tasche voller Telefonnummern, wenn ich es nicht schaffe, im Kontaktgespräch die Brücke zum anderen Menschen zu schlagen? Und genau da lag damals mein Problem. Mein einziges Ziel war, dem Angesprochenen möglichst schnell eine Telefonnummer „aus dem Kreuz zu leiern", und alles andere, was danach kam, interessierte mich nicht mehr.

Zur Verdeutlichung: Die Zeit, die ich benötigte, einen Kontakt zu machen, betrug damals bei mir zwei bis drei Minuten. Danach kam es zum Austausch der Telefonnummern, und dann folgte die Verabschiedung. Die dauerte zehn Sekunden. Ganz klar: Bei solch oberflächlichen Gesprächen konnte keine Bindung entstehen. Die Termine mussten fast zwangsläufig ausfallen, und die Terminierungsquoten konnten gar nicht besser sein, weil ich in meinen Gesprächen eine ganz wichtige Grundregel missachtet hatte: „Erst muss die Chemie zwischen den Menschen stimmen, dann stimmen auch irgendwann die Zahlen!"

Erst muss die Chemie zwischen den Menschen stimmen, dann stimmen auch irgendwann die Zahlen!

Als besser sollte sich für mich die Variante herausstellen, nach dem Erhalt der Telefonnummer noch ein wenig bei dem Angesprochenen zu verweilen und nochmals ein bis zwei Minuten mit ihm zu quatschen, um Sympathie aufzubauen und schon den ersten „Samen" für eine gute zwischenmenschliche Beziehung zu legen.

Das funktioniert ganz gut, indem man nochmals vertiefende Fragen zum Job oder der Branche stellt, in der unser Gesprächspartner arbeitet.

Nach dem Erhalt der Telefonnummer noch ein wenig bei dem Angesprochenen verweilen und ein bis zwei Minuten mit ihm quatschen, um Sympathie aufzubauen

Die sieben größten Fehler beim Direktkontakt

**Mögliche Themen:
Beruf/Branche,
Hobbys,
Situation/
Umgebung**

Möglicherweise aber auch zu den Hobbys, die man in Erfahrung gebracht hat, oder aber zur jeweiligen Situation oder Umgebung, in der die Ansprache stattfand. Wenn das gelingt, führt es dazu, dass sich das Vertrauen vertieft und sich der/die Angesprochene an den Kontakter gewöhnt.

Man könnte auch sagen, es wäre gut, nach dem Akt des Nummerntauschs noch ein wenig zu sympathisieren.

Seit ich das Gespräch in dieser Form praktizierte, verbesserten sich meine Terminierungsquoten dramatisch, und auch die Zahl der tatsächlich stattfindenden Sponsorgespräche stieg um 30 Prozent an.

6. Die Nummer krampfhaft haben wollen

Ich habe festgestellt, dass Menschen sehr sensibel sind und sehr feine Antennen haben. Sie spüren, ob jemand zwanghaft Kontakte macht, weil er unbedingt Umsatz braucht, oder ob jemand aus der Stärke heraus mit Begeisterung und Identifikation auf andere Menschen zugeht, um ihnen eine tolle Möglichkeit der Zusammenarbeit anzubieten.

Für den Direktkontaktneuling mag es zunächst etwas befremdend klingen, aber es ist auf lange Sicht besser, einmal auf jemanden zu verzichten oder ein Nein zu akzeptieren, als mit allen Mitteln der Überredungskunst die Nummer vom Angesprochenen zu ergattern.

Am Anfang ist man bestrebt, wirklich alles richtig zu machen, und man kämpft um jede Telefonnummer wie ein Löwe, ohne eine persönliche Wertung mit einfließen zu lassen – man hört auch meistens nicht auf seinen Bauch, weil man mit jeder Nummer auf einem Stückchen Papier oder mit jeder gewonnenen Visitenkarte den Erfolg assoziiert.

Doch dem ist nicht immer so. Ich haben mittlerweile Tausende Kontakte analysiert und habe ein sehr feines Gespür dafür entwickelt, ob jemand

Es ist auf lange Sicht besser, einmal auf jemanden zu verzichten oder ein Nein zu akzeptieren

Die sieben größten Fehler beim Direktkontakt

Ja sagt und eigentlich Nein meint oder ob das Ja ein ehrliches Ja ist. Inzwischen habe ich echt einen Blick dafür und würde in der Tat Wetten annehmen, wenn ich sagen müsste, welcher Kandidat ehrliches Interesse hat und zum Zweittermin kommt und welcher nicht.

„Ehrliche" und „argumentierte" Nummern

Mit zunehmender Erfahrung wird man den Unterschied zwischen einer „ehrlichen" und einer „argumentierten" Nummer kennenlernen: Der Kontakt mit der „ehrlichen Nummer", also der, der dir seine Nummer wirklich aus vollem Herzen und Interesse gegeben hat, der wird auch zum Termin kommen. Der Kontakt mit der „argumentierten Nummer", also der, dem du mit viel Rhetorik und Argumentationskraft die Nummer aus dem Kreuz geleiert oder ihn überredet hast, wird dir entweder sagen „Ich habe es mir noch mal überlegt", oder aber er wird zwar einen Termin vereinbaren, aber dann nicht zum Gespräch erscheinen.

Ich selbst habe gelernt, jedem Menschen im Gespräch auch tatsächlich die Möglichkeit zu geben abzusagen. Ich habe gelernt, jedem „die Türe ganz weit aufzumachen", weil es mir gar nichts nutzt, mit zehn Visitenkarten von überredeten Menschen nach Hause zu gehen und dann doppelt und dreifach enttäuscht zu sein, wenn keiner dieser Menschen zu mir zum Rekrutierungsgespräch erscheint.

Ich stelle das auch hin und wieder fest, wenn ich mit Networkern in der Praxis unterwegs war und diese mir im Nachhinein über ihre Ergebnisse berichten. Meistens sind die Kollegen enttäuscht, wenn sich vermeintliche Topkandidaten im Nachhinein als „Nieten" entpuppen und absagen oder nicht erscheinen.

Ich sage ihnen dann oft: „Das hätte ich dir auch vorher sagen können. Weil dieser Mensch im Kontaktgespräch gar keine Chance hatte, dir abzusagen, deswegen ist es jetzt so gekommen. Du warst so gut, und man hat gemerkt, dass er dir seine Nummer nur gegeben hat, damit er schnell wieder wegkommt. Allerdings hast du das noch nicht gemerkt, weil dir die entsprechende Erfahrung fehlt und du nur darauf fixiert warst, den Kontakt zu machen. Das ist auch gut so, aber wenn du in Zukunft unterwegs bist, dann achte doch auch ein klein wenig auf die Qualität der Kontakte und gib den Leuten auch die Möglichkeit, Nein zu sagen. Es ist doch okay! Denn wenn dir jemand gleich Nein sagt, dann ist das doch super. Erstens hast du keine zu große Erwartungshaltung gegenüber diesem Menschen, die dann womöglich nicht erfüllt wird, und zweitens hast du dir Zeit gespart, die du sinnvoller einsetzen kannst."

Geben Sie den Leuten auch die Möglichkeit, Nein zu sagen

Einem Anfänger diesen Sachverhalt zu erklären ist immer ein wenig aufwendig, weil ja jeder

Die sieben größten Fehler beim Direktkontakt

kommt, um zu lernen, wie er Telefonnummern erhält. Wenn man nun zu so jemandem sagt „Lass auch mal einen Kontakt weg, den du eigentlich bekommen hättest" oder „Gib ihm die Möglichkeit abzusagen", dann fällt der meistens vom Glauben ab.

Da Sie aber professionell arbeiten wollen und sich über Optimierung Gedanken machen, war und ist es mir ein dringendes Bedürfnis, an dieser Stelle auch über diese Erfahrung zu berichten.

Eine recht gute Strategie für Vertriebler, die die Qualität ihrer Direktkontakte steigern möchten, ist es, nach dem Erhalt einer Telefonnummer zusätzlich eine sogenannte Entscheidungsfrage zu stellen oder den Kontakt noch ein wenig auf Herz und Nieren zu prüfen. Ich sage zum Beispiel, wenn ich mir bei einem Kandidaten nicht ganz sicher bin, bei der Verabschiedung noch einmal:

Die „Entscheidungsfrage" nach Erhalt der Telefonnummer

🗨 *Also, ich freue mich schon sehr auf unser Gespräch! Sind Sie auch sicher, dass Sie das, was ich Ihnen gerade gesagt habe, wirklich interessiert?*

Oder:

🗨 *Ich möchte Ihre und meine Zeit nicht verschwenden, weil wir mit Sicherheit beide viel zu tun haben. Sind Sie sicher, dass wir uns mal unterhalten wollen?*

Sie können sich vorstellen, dass ich nach diesen Fragen dann doch noch die eine oder andere Absage von Menschen bekomme, die sich gerade noch wirklich mit mir treffen wollten. Aber sehen wir es doch einmal, wie es ist: Lieber habe ich gleich ein ehrliches Nein als ein unehrliches Ja. Damit kann ich mittlerweile mehr anfangen, da ich keine Erwartungshaltung aufbaue und auch nicht enttäuscht werden kann, weil der Termin ausfällt. Um es ganz klipp und klar auf den Punkt zu bringen: Ja, ich habe gelernt – so würde es der Vertriebler ausdrücken –, mir den einen oder anderen Zeitgenossen in letzter Minuten noch „rauszuquatschen"!

7. Immer nur im „An"- oder „Aus"-Modus arbeiten

Jeder von uns hat jeden Tag zwei bis drei „Alltagsgelegenheiten" und sollte sie auch verwerten

Ich werde auf unseren Seminaren nicht müde, ständig zu wiederholen, dass man Kontakte immer und überall machen kann, wenn man mit offenen Augen durchs Leben geht. Des Weiteren wiederhole ich gebetsmühlenartig, dass es schön wäre, die zwei bis drei „Alltagsgelegenheiten", die jeder von uns täglich hat, zu verwerten. Wenn das gelänge, dann müsste niemand mehr bewusst losziehen, um Kontakte zu machen.

Was meine ich damit? Ich finde es schade, dass bei vielen das Thema Direktkontakte nur im „An"- oder „Aus"- Modus funktioniert und das Kontaktieren fast ausschließlich als Aktionismus betrieben wird.

Was das bedeutet, möchte ich Ihnen anhand von ein paar Erlebnissen schildern. Ich war mit ein paar sehr talentierten, motivierten Networkern unterwegs, um Kontakte zu machen. Wir trafen uns um 15 Uhr am Nachmittag und hatten bis 17 Uhr Zeit. In dieser Zeit wollten wir richtig Gas geben. Das taten wir auch, und nachdem wir eine kurze Startbesprechung gemacht hatten, schwärmten wir in alle Himmelsrichtungen aus, um unsere vorab festgelegten Ziele zu erreichen. Kurz und gut, es war ein sehr erfolgreicher Tag, und gegen 17 Uhr trafen wir uns zur Abschlussbesprechung, um uns dann voneinander zu verabschieden. Gemeinsam mit zwei der insgesamt acht Kolleginnen und Kollegen trat ich den Rückweg an, und wir gingen zum Parkhaus, wo unsere Autos standen. Wir redeten noch ein wenig, und währenddessen liefen unzählige Menschen an uns vorbei, die eigentlich genau unserer vorab definierten Zielgruppe entsprachen. Ich beobachtete die Situation und dachte mir: Na, mal sehen, wer jetzt noch mal den Mund aufbekommt. Doch nichts geschah. Die Jungs waren scheinbar „fertig".

Nachdem auf unserem zehnminütigen Weg zum Parkhaus mittlerweile ein gutes Dutzend Topkandidaten an uns vorbeigelaufen waren und nichts passierte, machte ich noch eine Ansprache und sagte dann zu den Kollegen: „Wir sind zwar schon fertig, aber das war so ein toller Typ, den konnte ich einfach nicht vorbeigehen lassen. Das war ein zukünftiger Millionär ☺!" Das sollte eigentlich ein Wink mit dem Zaunpfahl für die Jungs sein. Aber nichts passierte. Sie trotteten aktionslos neben mir her. Aus den „Kontaktmaschinen", die zwei Stunden lang einen wahnsinnig tollen Job gemacht hatten, waren zwei handzahme Lämmer geworden, die den Eindruck erweckten, als hätten sie Tomaten auf den Augen. Oder waren sie einfach nur fertig mit Arbeiten?

Die Jungs waren fertig mit Arbeiten und ließen die Topkandidaten einfach an sich vorbeilaufen!

Die sieben größten Fehler beim Direktkontakt

Ich machte dann unmittelbar im Parkhaus noch einmal die Probe aufs Exempel, als direkt neben unseren Autos ein junger, super gekleideter Mann sein Auto einparkte. Ich blieb mit meinen „Jungs" extra vor der entsprechenden Parklücke stehen, sodass der Mann fast durch uns hindurchgehen musste, um vorbeizukommen, doch keiner meiner beiden Teampartner reagierte. Nicht einmal ein kleines Anzeichen einer Kontaktaufnahme. Zu guter Letzt machte dann ich die Ansprache, weil es in der Tat aus meiner Sicht gar nicht anders ging! Wenn sich jemand fast „aufdrängelt", dann sollte man doch auch mit ihm reden, oder?

Das Abschlussstatement für meine Jungs war an diesem Tag folgendes: „Wenn Ihr beim Kontakten seid, dann seid ihr richtige Gladiatoren. Dann macht ihr in einer Stunde 20 Ansprachen und mehr. Aber wenn ihr privat unterwegs oder auch wie in diesem Falle „fertig" seid, dann kann man euch einen Topkandidaten auf dem silbernen Tablett präsentieren, und ihr sprecht ihn nicht an! Warum ist das so?"

Als Resultat meiner Ansage erntete ich nur betroffene Gesichter, und die Jungs konnten meine Frage nicht beantworten. Sie sagten nur: „Keine Ahnung!"

„Geschäft schläft nie"

Ich sagte: „Keine Ahnung ist so eine Sache. Geschäft schläft nie, das müsst ihr verstehen lernen."

Lassen Sie mich an dieser Stelle Folgendes anmerken: Auch ich bin bekennender Vertriebler, und auch ich habe so viel Sportsgeist, dass ich sage: Lasst uns heute in eine bestimmte Stadt fahren und ein bestimmtes Ziel erreichen.

Aber grundsätzlich wäre es gar nicht notwendig, diesen Aktionismus zu betreiben. Es wäre theoretisch auch gar nicht notwendig, für die Direktansprache ein bestimmtes Zeitfenster einzuplanen – wenn man in der Lage wäre, jeden Tag die zwei oder drei Alltagssituationen zu nutzen, die sich sowieso bei jedem von uns ergeben. Ob das am Kassenautomaten im Parkhaus ist, beim Zusammenschieben der Einkaufswagen, während wir uns irgendein Produkt in einem Geschäft erklären lassen, während wir in der Mittagspause am Imbiss einen kleinen Snack zu uns nehmen oder in irgendeiner anderen Situation, in der wir sowieso mit Menschen Kontakt haben und in der es aus meiner Erfahrung heraus viel einfacher ist, mit Leuten ins Gespräch zu kommen.

Es wäre nicht notwendig, für die Direktansprache ein Zeitfenster einzuplanen, wenn man in der Lage wäre, jeden Tag zwei oder drei Alltagssituationen zu nutzen

Ich nenne diese Art der Ansprache „situatives Kontakten", und der eine oder andere wird mir recht geben, wenn ich sage, dass die Qualität dieser Kontakte eine viel bessere ist, als wenn ich wie von fremden Mächten getrieben irgendeine Fußgängerzone durchkämme und alle zwei Minuten irgendeinem Menschen in eine Hofeinfahrt hinterherspringe, um ihm zu sagen: „Hallo, Sie

Die sieben größten Fehler beim Direktkontakt

Die situativ – aus dem Alltag heraus – genutzten Gesprächsgelegenheiten sind ungezwungener und haben mehr Tiefgang

sind mir gerade positiv aufgefallen, ich hätte da mal eine Frage!"

Die situativ genutzten Gesprächsgelegenheiten sind viel ungezwungener und haben auch meistens mehr Tiefgang.

Ich wiederhole mich hier gerne noch einmal: Auch ich finde es gut und hin und wieder mal notwendig, sich ein bestimmtes Zeitfenster zu setzen und eine gewisse Anzahl von Ansprachen durchzuführen oder eine bestimmte Menge an Kontakten zu machen. Das muss einfach sein, um zu lernen und sich zu konditionieren. Das steht vollkommen außer Frage. Aber es kann und darf nicht sein, dass ich die Ansprachen als Arbeit sehe und ich meinen Mund nicht mehr aufbekomme, wenn ich sozusagen mein Pensum erfüllt habe und sich außerplanmäßig Gesprächsgelegenheiten ergeben.

Geschäft schläft nie, genau deswegen kann und muss die Devise sein: „Walk and talk. Wo ich gehe und stehe, spreche ich immer und überall, mit Spaß und Niveau, mit fremden Menschen über mein Geschäft!"

Psychologie

Psychologie

1. Umgang mit dem Nein

Sollten Sie irgendwann einmal in die Situation kommen, einem Ihrer Geschäftspartner erklären zu müssen, warum die meisten Menschen absagen, kein Interesse haben und wie man als Networker mit einem Nein umgeht, dann haben Sie zwei Möglichkeiten.

Die erste ist: Sie erzählen Ihrem Schützling, dass das ganz normal ist. Sie können auch sagen, dass man in dieser Branche nicht für die Jas, sondern eher für die Neins bezahlt wird. Ebenso können Sie ihm erklären, dass das nichts mit ihm oder dem Geschäft zu tun hat, sondern dass das den meisten Vertrieblern so geht und dass man es nicht persönlich nehmen sollte.

Das sind alles gängige und vor allem bewährte Strategien, die ich selbst anwende und die in meinen Anfangsjahren auch an mir praktiziert wurden. Wenn ich mich zurückerinnere, waren diese Erklärungen für den Moment zwar immer ganz nett, aber so richtig zufriedengestellt hat mich das Ganze dann doch nicht.

Die gängigen Strategien, wie man mir die Notwendigkeit erklärte, Neins zu bekommen, haben mich nicht so richtig zufriedengestellt

Eine bahnbrechende Erkenntnis sollte ich an dem Tag haben, als ich mit meinem Coach und einem anderen, sehr erfolgreichen Vertriebler unterwegs beim Kontakten war. Ich war noch relativ frisch im Geschäft und demzufolge meine emotionale Befindlichkeit eher volatil als konstant. Will heißen: Immer wenn ich mal eine Absage bei einer Direktansprache bekam, war ich so deprimiert, dass ich mindestens eine Stunde brauchte, um mich für den nächsten Kontakt wieder zu motivieren.

Mein Coach sagte in dieser Zeit mit schöner Regelmäßigkeit zu mir: „Tobi, du bist so ein harter Hund ... Bodybuilder, Sportler, Türsteher. Du bist so ein Brecher, du bist so belastbar, wenn es um den Sport geht, wahrscheinlich würdest du deine Hanteln auffressen, wenn du müsstest. Da kann dich nichts aus der Bahn werfen. Wenn du aber jemanden anrufst oder kontaktierst und du bekommst eine Absage, dann brauchst du eine Woche psychologische Betreuung, damit du wieder in die Spur kommst!"

Ja, er hatte recht. Ich konnte mit Ablehnung und mit Neins überhaupt nicht umgehen, weil ich bis dato immer in einer anderen Situation war. Als Türsteher entschied ich, wer reindurfte und wer nicht, und im Fitnessstudio wurde ich als Trainer ständig um Tipps in Bezug auf Training und Ernährung gebeten. Auch im privaten Bereich war ich eher der Typ, dem Absagen völlig fremd waren, denn immer wenn ich irgendwo etwas zum Besten gab, wurde das in der Regel wohlwollend aufgenommen. Ich war es also gar nicht gewohnt, dass mich mal jemand infrage stellte, geschweige

Ich konnte mit Ablehnung und mit Neins überhaupt nicht umgehen!

Psychologie

denn anderer Meinung war. Und jetzt das. Jetzt arbeitete ich in einer Branche, in der man sich drei bis vier Neins holen sollte, bevor man ein Ja bekam. Damit kam ich ja nun gar nicht klar, denn ich war das komplette Gegenteil gewohnt.

Als ich nun an besagtem Tag wieder einmal eine kleine Depriphase hatte und ein wenig jammerte, weil ich mir von einigen Kandidaten ein Nein eingefangen hatte, wollte mich mein Coach auf die oben besprochene Art und Weise mit seiner väterlichen Art motivieren und aufbauen – doch der andere Vertriebler, der an diesem Tag mit uns unterwegs war, kam ihm zuvor.
Es sagte: „Tobi, vergiss doch einfach mal einen kurzen Moment den ganzen Kram und lass uns mal was Verrücktes machen. Er blickte mir mit einem schelmischen Grinsen in die Augen, hielt mir einen 10-Euro-Schein hin und sagte: „Nimm doch bitte mal das Geld und versuche es zu verschenken."
Ich sah ihn mit verwunderten Blicken an und fragte: „Was soll das bringen?"
Und er antwortete: „Frag nicht so viel, mach einfach mal."

Die Erkenntnis, die ich an diesem Tag gewann, war in der Tat bezeichnend. So sehr, dass diese Übung, nämlich „Geld auf der Straße zu verschenken", heute noch, wenn es sein muss, Teil meiner Trainings ist.

Dabei mache ich oft folgenden Deal: Wenn jemand eine bessere Quote beim Geldverschenken hat als ich beim Direktkontakten, bekommt er sein Geld zurück, das er in das Coaching investiert hat. Übrigens ist das bis zum heutigen Tag noch niemandem gelungen, und das wird auch in Zukunft so bleiben.

Meine Quote bei der Direktansprache liegt nämlich je nach Tagesform produkt- und systemunabhängig bei 1:3 oder 1:4. Das heißt, jeder dritte oder vierte Mensch, den ich anspreche, ist offen für meine Informationen und interessiert sich für das Thema Nebenverdienst, zweites Standbein oder neue Berufschance.

Ähnlich wie bei mir vor ein paar Jahren, gibt es bei den Kolleginnen und Kollegen, die das Geld verschenken sollen, oftmals keine Quote. Will heißen, dass sie es teilweise nach der zehnten, elften oder zwölften Ansprache noch immer nicht geschafft haben, das Geld unter die Leute zu bringen.

Was will uns diese Geschichte nun sagen? Ja, es ist drei- bis viermal schwerer, in Deutschland, Österreich oder auch in der Schweiz Geld auf der Straße zu verschenken, als Interessenten für eine Zusammenarbeit im Vertrieb zu finden! Übrigens

Die Übung, „Geld auf der Straße zu verschenken", ist heute noch Teil meiner Trainings

Nach der zehnten, elften oder zwölften Ansprache haben sie es noch immer nicht geschafft, das Geld unter die Leute zu bringen

Psychologie

ist auch das Verschenken von Geld zugegebenermaßen ein bisschen Trainingssache, aber es gibt Kolleginnen und Kollegen, die bekommen es niemals hin. Man braucht nämlich auch zum Geldverschenken die passende Einstellung.

Ich selbst habe an dem erwähnten Tag die Erfahrung gemacht, dass meine 10 Euro niemand haben wollte, und als ich es nach der achten Ansprache immer noch nicht geschafft hatte, das Geld unter die Leute zu bringen, hatte ich die ersten Anzeichen einer Erkenntnis.

Es ist schwerer, Geld zu verschenken, als Menschen für das Thema zweites Standbein zu begeistern. Es hat nichts mit mir und meinem Business zu tun. Es ist einfach so.

Ja, es ist in der Tat schwerer, Geld zu verschenken, als Menschen für das Thema zweites Standbein zu begeistern. Es hat nichts mit mir und auch nichts mit meinem Business zu tun. Es ist einfach so.

Genau das war es, was mir der Kollege erklären wollte, und er tat es auf genau die richtige Art und Weise. Er tat es in Form einer Übung, und das führte dazu, dass ich selbst eine Erkenntnis hatte, die mehr Bewusstsein erzeugte und mehr Kraft hatte als alle aufmunternden Worte und beschwichtigenden Metaphern, die es zu diesem Thema gibt.

Wenn auch Sie diese Übung mal ausprobieren wollen, was ich Ihnen übrigens unbedingt ans Herz legen möchte, können Sie sich schon jetzt mal auf folgende Reaktionen einrichten: Von zehn Angesprochenen werden Sie zirka 30 Prozent sehr verwundert fragen, was das Ganze soll, ob das Verarsche ist oder Sie sich einen schlechten Scherz erlauben wollen. Circa weitere 30 Prozent werden stehen bleiben und misstrauisch nachfragen, was es damit auf sich hat. Diese Menschen werden die nähere Umgebung mustern in der Hoffnung, irgendwo die versteckte Kamera zu finden. Diese 30 Prozent sind zwar grundsätzlich offen, wittern in letzter Sekunde dann aber doch noch irgendwo einen Haken und werden sich schlussendlich dagegen entscheiden, das Geld von Ihnen anzunehmen.

Nun sind wir schon bei sechs von zehn, die Ihr Geld nicht genommen haben, aber wenn Sie zu den Durchhaltern gehören und weitere drei bis vier Personen ansprechen, dann könnten Sie zu den Glücklichen gehören, die einem Menschen begegnen, der das Geld einfach nimmt und ohne weiteres Nachfragen seiner Wege geht.

Für Sie wird diese Situation sehr befreiend wirken, weil Sie wegen der vielen Absagen schon gar nicht mehr daran geglaubt haben, dass es noch Zeitgenossen gibt, die ohne zu fragen und ohne Wenn und Aber das Geld schnappen und verschwinden. Aber genau so ist es nun mal: „Du kannst den Falschen nichts Richtiges sagen und den Richtigen nichts Falsches." Es gibt Leute, und das ist die Mehrheit, die sind skeptisch und würden niemals

Die Mehrheit ist skeptisch und würde niemals Geld von anderen Menschen auf der Straße geschenkt annehmen

Psychologie

Geld von anderen Menschen auf der Straße geschenkt annehmen, und es gibt welche, die schieben sich die Kohle in die Tasche, ohne nur ein einziges Mal mit der Wimper zu zucken.

In Anlehnung an dieses augenöffnende Erlebnis habe ich dann im Nachgang eine Variante kreiert, die noch ein Stück weiter geht.

Immer wenn ich mit neuen Vertriebspartnern unterwegs war, haben wir die Zeit dazu genutzt, die eine oder andere „verrückte" Strategie auszuprobieren. Eine unserer Lieblingsstrategien war die, uns ein schönes Café zu suchen, gemeinsam in der Sonne zu sitzen und unter dem Stuhlbein des Nachbartisches eine Banknote, meistens einen 100-Euro-Schein, am Boden zu platzieren. Ich kann Ihnen nur eines empfehlen: Auch wenn Sie keine einzige von allen in diesem Buch erklärten Strategien umsetzen sollten – diesen Spaß, das müssen Sie mir versprechen, den müssen Sie sich leisten.

Wir platzierten unter dem Stuhlbein des Nachbartisches eine Banknote am Boden

Als wir das erste Mal bei schönem Wetter in einem Café an der Münchner Leopoldstraße saßen, um unseren Trick auszuprobieren, machten wir ungeahnte Erfahrungen. Die unglaublichste davon wahr zweifelsohne die, dass es in der Tat Menschen gab, die das Geld am Boden liegen sahen, sich jedoch nicht danach bückten und weiter zielstrebig ihres Weges gingen. Echt unglaublich, man mag es kaum für möglich halten, aber so etwas gibt es.

Die meisten jedoch, die das Geld am Boden erspähten, gingen natürlich ohne Umwege daran, es aufzuheben. Mehr noch, einige machten sogar einen kleinen Freudensprung, um sich dann mit gierigen Augen auf die Kohle zu stürzen.

Genau in dem Moment, in dem jemand zugriff, sprang ich vom Nachbartisch auf und rief ein lautes:

So funktioniert unsere verrückte Strategie!

💬 *STOPP! Sie interessieren sich für Geld, dann müssen wir uns kurz unterhalten.*

Noch in derselben Sekunde stand ich direkt vor unserem Kandidaten, der sich meistens etwas ertappt fühlte, mir verdutzt das Geld entgegenstreckte und sagte, er wollte es gar nicht mitnehmen, sondern lediglich aufheben, um es zurückzugeben. An wen wohl ... ☺?

Im gleichen Moment löste ich dann meistens das Rätsel und sagte:

💬 *Das ist unser Geld. Das haben wir dort auf den Boden gelegt, um zu testen, wer sich in Deutschland die Mühe macht, Geld, das auf der Straße liegt, aufzuheben ...*

Psychologie

Ich sagte dann weiter:

💬 *Sehen Sie, wir sind ein verrücktes und aufstrebendes Team von Münchner Jungunternehmern, und wir sind der Meinung, dass das Geld auf der Straße liegt. Aber nur für die, die ihre Augen aufmachen und die auch bereit sind, sich danach zu bücken.*

Das war übrigens meine Metapher, mit der ich dann auf das Geschäft übergeleitet habe.
Meistens sagten dann die Leute: „Ja, da haben Sie recht", und im selben Moment platzierte ich meine Pitch. Ich sagte:

💬 *Wir sind im Vertrieb tätig und vertreten ein tolles und einzigartiges Geschäftskonzept. Deswegen unterhalten wir uns ganz gerne mal mit Menschen, die nicht zu faul sind, um sich zu bücken, über die Möglichkeit, 400 bis 500 Euro im Nebenberuf dazuzuverdienen. Wäre das interessant für dich/Sie?*

Auch hierbei hatte ich dieselben Quoten, wie wenn ich jemanden auf ganz „normale" Art und Weise kontaktiere. Aber das Entscheidende war, dass es Leute gab, die sich sofort „just in time" auf einen Kaffee einladen ließen, sich zu uns an den Tisch setzten und sich unsere Geschäftsidee anhörten. In Insiderkreisen wird das auch Sponsorgespräch genannt.

Der eine oder andere von Ihnen wird sich jetzt sicherlich fragen: Ist das die Strategie, mit der der Schlosser neue Geschäftspartner gewinnt? Entscheiden Sie selbst: Die Lager sind immer ziemlich gleichmäßig verteilt. Für die eine Hälfte ist das mit Sicherheit ein totaler Quatsch und für die andere Hälfte eine geniale Idee, um mit anderen Menschen auf außergewöhnliche Art und Weise ins Gespräch zu kommen.

Das wirklich Wichtige an dieser Sache ist allerdings etwas ganz anderes. Glauben Sie mir: Alle meine Partner, mit denen ich diesen Joke ausprobiert habe, waren in diesem Moment total begeistert. Begeistert davon, wie der Schlosser mit den Leuten spricht, und vor allem wie einfach es ist, mit anderen Menschen ins Gespräch zu kommen. Und nicht nur dass es einfach ist, nein, dass es sogar wahnsinnigen Spaß macht, wilden Spaß!

Alle Partner, die das damals miterlebt haben, sind heute erwachsene Männer, aber sie reden immer noch davon. Immer wenn wir uns sehen, fangen sie an, mit funkelnden Augen die Geschichten zu erzählen, wie wir damals auf der Leo das Geld auf die Straße gelegt haben.

Ich glaube aus tiefstem Herzen, dass es genau darum geht. Sorgen Sie als Führungskraft bei Ihren Partnern für die „magic moments", die

Bei Anwendung dieser Strategie hatten wir Leute, die sich „just in time" unsere Geschäftspräsentation anhörten

Psychologie

Sorgen Sie bei Ihren Partnern für die „magic moments", die ein jeder ein Leben lang in positiver Erinnerung behalten wird – und sorgen Sie dafür, dass Ihre Leute bei allem, was Sie tun, Spaß haben

Augenblicke, die ein jeder ein Leben lang in positiver Erinnerung behalten wird. Sorgen Sie dafür, das Ihre Partner stolz sind auf das, was sie tun. Sorgen Sie dafür, dass Ihre Partner stolz darauf sind, ein wenig anders oder, besser noch, positiv verrückt zu sein. Und sorgen Sie dafür, dass Ihre Leute bei allem, was sie tun, Spaß haben. Denn Spaß verkauft, Spaß rekrutiert, Spaß sponsert, und Spaß beim Kontakten zu haben, ist sowieso das Geilste, was es gibt. Deswegen heißt meine Art des Kontaktens in Insiderkreisen auch Spaßkontakten.

2. Kleidung, Auftreten und Visitenkarten

„Die Zeiten, als ich einen goldenen Kuli brauchte, um gute Kontakte zu machen, die sind schon lange vorbei!" – Das ist eine Aussage von mir, die mir mal so rausgerutscht ist, als ich einen Mann auf meine Geschäftsidee ansprach. Wir waren gerade dabei, unsere Kontaktdaten auszutauschen. Da wies er mich darauf hin, dass es doch, wenn man schon Leute in der Öffentlichkeit auf eine Geschäftsidee anspreche, mehr Eindruck machen würde, einen hochwertigen Kugelschreiber zu haben.

Oft werde ich auf Seminaren und Meetings gefragt, wie man sich kleiden soll, wenn man Leute anspricht, was auf der Visitenkarte draufstehen soll bzw. was für einen Stift man benutzen soll.
Um die Wahrheit zu sagen: Es ist vollkommen egal, denn wenn ich das Kontakten davon abhängig mache, wie ich gekleidet bin, werde ich die Telefonnummern der besten Leute nicht kriegen.
Neun von zehn Vertrieblern sind außerdem immer unzufrieden mit dem, was auf ihrer Visitenkarte draufsteht, und den passenden Kuli hat sowieso nie jemand dabei. Zugegeben, das sind genau die Rahmenbedingungen, die auch für mich früher eine große Rolle gespielt haben – allerdings

Perfekte Kleidung und die optimale Visitenkarte sind gut – aber nur solange man ihr Fehlen nicht vor sich selbst als Ausrede für Untätigkeit gebraucht!

Psychologie

„Repräsentieren hilft beim Rekrutieren." Allerdings sollte man an dem Thema **nicht verkrampfen.** Auch wenn man gerade mal nicht so toll gekleidet ist, dann ist es lediglich eine **Frage der Erklärung,** trotzdem einen **guten Eindruck** zu hinterlassen!

verbarg sich dahinter eigentlich nur ein einziges Motiv: Ich wollte hören, dass man immer top gekleidet sein muss, um andere Menschen anzusprechen. Da ich das nun mal nicht immer war, ergab sich damit schon eine erste Ausrede dafür, keine Kontakte zu machen.

Auch wollte ich hören, dass man eine „besondere" Aufschrift auf der Karte haben muss, um gut rüberzukommen. Da ich die noch nicht hatte, ergab sich hiermit schon Ausrede Nummer zwei.

Irgendwann habe ich dann auch mal einen Vertriebler kennengelernt, der allen erzählte, man müsse optimalerweise einen goldenen Kugelschreiber verwenden, um beim Angesprochenen einen bleibenden Eindruck zu hinterlassen. Und damit hatte ich auch schon Ausrede Nummer drei parat. Ich hatte doch gar keinen goldenen Kugelschreiber.

Bitte nicht falsch verstehen, auch ich bin ein großer Freund davon, möglichst einen guten Eindruck beim Gegenüber zu machen, und ich habe sogar ein Buch mit dem Titel „Repräsentieren hilft beim Rekrutieren" geschrieben. Allerdings würde ich eine Ansprache niemals von derartigen Rahmenbedingungen abhängig machen.

Die Ansprache niemals von den Rahmenbedingungen abhängig machen ...

Da ich weiß, dass es im Leben, und im Vertriebsleben ganz besonders, keine Sicherheiten, sondern immer nur Gelegenheiten gibt, würde ich mich immer dafür entscheiden, den Kontakt zu

Psychologie

machen, egal wie ich gerade aussehe, egal ob ich mit oder ohne Visitenkarte unterwegs bin – und wenn ich den Namen und die Telefonnummer mit dem Fingernagel irgendwo hinritzen müsste, dann würde ich das auch tun. Hauptsache, ich habe die Chance nicht verpasst und muss mir im Nachhinein nicht vorwerfen, nicht schnell genug gehandelt zu haben.

... denn man sollte sich im Nachhinein nicht vorwerfen müssen, die Chance verpasst zu haben

Grundsätzlich gilt es in Bezug auf Kleidung Folgendes anzumerken: Sauber und ordentlich sollten Sie aussehen, und man sollte Ihnen ansehen, das Sie finanziell nicht auf dem letzten Loch pfeifen.

Kleidung sollte grundsätzlich sauber und ordentlich aussehen

Was die Visitenkarten und den hochwertigen Kugelschreiber betrifft, kann man dieses Thema auf den unterschiedlichsten Wegen lösen.

Fragen Sie zehn verschiedene Networker, und Sie werden wahrscheinlich zehn unterschiedliche Antworten bekommen.

Welche Visitenkarten man verwendet und ob man überhaupt welche verwendet, hängt vor allem mit den eigenen Erfahrungen und Vorlieben zusammen. Unter dem Strich kann ich sagen: Sie müssen die Variante wählen, mit der Sie sich am wohlsten fühlen.

Visitenkarten: Wählen Sie die Variante, mit der Sie sich am wohlsten fühlen

Ich persönlich fühle mich am wohlsten, wenn ich mich mit einer offiziellen Firmenvisitenkarte ausweisen kann. Das war zwar nicht immer so, aber lassen Sie mich erklären, warum ich diese Variante bevorzuge.

Wenn ich heute jemanden in der Öffentlichkeit anspreche, um ihn/sie für eine Zusammenarbeit zu begeistern, dann versuche ich natürlich möglichst schnell Vertrauen und Sympathie aufzubauen. Denn ich weiß, dass Vertrauen die Basis für ein weiterführendes Gespräch ist. Meistens wird man ja auch recht schnell gefragt, um was es geht und was es zu tun gibt. Jetzt kommt der Punkt, an dem die meisten anfangen, irgendwelche nebulösen Phrasen zu stottern, weil sie ihren Text nicht kennen – und schon schwindet das Vertrauen, noch bevor es überhaupt aufgebaut ist. Wenn dann noch die Frage nach einem Kärtchen und dem Namen der Firma kommt, ist es bei den meisten gleich ganz vorbei, und das Gerede wird immer undurchsichtiger. Die Antwort lautet in etwa: „Ja, wir sind da so ein Unternehmen, das kann man so genau gar nicht erklären ..." Der Name der Firma wird meistens nicht genannt, und eine Karte wird nicht überreicht. Das lässt die Sache für den Angesprochenen nicht unbedingt seriöser aussehen und weckt auch nicht das Vertrauen, das doch „der Anfang von allem" ist.

Wissen Sie, in der heutigen Zeit hat jeder Briefträger eine eigene Visitenkarte, und jede Aushilfe im Einzelhandel berichtet stolz im Kreise

Die offizielle Firmenvisitenkarte: ein Tool für den Vertrauensaufbau!

Psychologie

ihrer Familie, wo sie zweimal pro Woche Kisten auspackt! Nur der Networker, der hat leider keine Karte und traut sich nicht, den Namen seines Partnerunternehmens zu nennen. Schon komisch, oder?

Aus meiner Sicht passt das nicht zum Direktkontakt, denn wenn mich jemand anspricht, dann erwarte ich, dass er sich seiner Sache sicher ist und vor allem unmissverständlich Klartext mit mir spricht! Sie sehen also, das ist der Grund, warum ich immer eine offizielle Firmenkarte bevorzugen würde.

Jetzt gibt es natürlich auch noch Variante Nummer zwei, nämlich eine individuell gestaltete Visitenkarte. Diese „neutrale" Karte wird von vielen Networkern sehr gerne verwendet, und die meisten erklären mir immer, wenn ich vorschlage, mit einer offiziellen Firmenvisitenkarte zu arbeiten, dass sie das niemals tun würden.

Das Problem, dass die Interessenten googeln, wenn sie den Firmennamen wissen – wirklich ein Nachteil?

Auf die Frage nach dem Warum kommt dann regelmäßig die Antwort: „Na ja, wenn die Leute schon den Firmennamen wissen, dann gehen sie ins Internet und googeln. Dann finden sie im Internet vielleicht Infos, die sie gar nicht finden sollen, und das ist nicht gut."

Das ist zwar grundsätzlich richtig, ist aber aus meiner Sicht zu klein gedacht. Sollen doch die Leute im Internet googeln! Ist doch gut, wenn sich der eine oder andere schon vorab wegselektiert. Dann brauchen Sie die Arbeit nicht mehr machen und haben sich unter Umständen eine Menge Zeit gespart.

Ich hatte nämlich in diesem Zusammenhang einige Erlebnisse, an denen ich Sie unbedingt teilhaben lassen möchte.

Ich habe selbst am Anfang mit eigenen Karten Kontakte gemacht, weil es auch über mein damaliges Partnerunternehmen ein paar komische Bemerkungen im Netz gab. Deswegen habe ich gerne die neutrale Karte überreicht und damit vermieden, dass der Angesprochene irgendwelche Infos hatte.

Meine eigene Erfahrung: Wer beim Erstkontakt verschleiert, wer sein Partnerunternehmen ist, läuft Gefahr, enttäuschende Sponsorgespräche zu erleben

Meistens kam es dann zu einem persönlichen Treffen, in dem ich nun Klartext reden und den Firmennamen nennen musste. Viele meiner Gesprächspartner waren dann enttäuscht und sagten: „Ach, das kenne ich schon, hätte ich gewusst, dass es darum geht, dann wäre ich gar nicht gekommen. Wir können das Gespräch abkürzen, das ist nichts für mich."

Mir war das dann irgendwie immer zu blöd, weil ich eine hohe Erwartungshaltung aufgebaut und einiges an Zeit investiert hatte und am Ende kam nichts dabei raus. Deswegen habe ich mich entschieden, immer gleich zu sagen, worum es geht, und den Firmennamen zu nennen, denn

Psychologie

da weiß ich immer gleich, woran ich bei meinem Gesprächspartner bin. Hat er oder sie ein Problem, dann kommen wir leider nicht zusammen, im anderen Fall freue ich mich auf ein Gespräch. Schluss mit der Heimlichtuerei!

Die Variante ohne Visitenkarte: Kontaktdatenaustausch via Smartphone

Insbesondere wenn ich mit jüngeren Networkern unterwegs bin, fällt mir immer wieder auf, dass einige gar keine Visitenkarten dabeihaben und dass der Austausch der Kontaktdaten nur via Smartphone erledigt wird.

In dieser Beziehung war ich früher ein wenig gehemmt, weil ich es gewohnt war, beim Kontakt immer ein Businesskärtchen auszuhändigen. Ich fühlte mich einfach besser, weil ich es so gelernt hatte.

Diese Kollegen arbeiten mit der Strategie, am Ende des Gespräches zu sagen:

💬 *Wo bist du denn besser zu erreichen? Wahrscheinlich auf dem Handy, oder?*

Ganz klar, acht von zehn antworten auf diese Frage mit Ja, und die logische Fortsetzung im Gespräch lautet dann:

💬 *Okay, dann lass ich einfach mal kurz bei dir anklingeln, dann hast du gleich meine Kontaktdaten bei dir drauf. Wie lautet denn deine Nummer ...?*

Ein wichtiger Vorteil dieser Variante ist der, dass man auf diese Art und Weise keine falschen Telefonnummern mehr bekommt, und selbst wenn, dann kann man just in time korrigieren, weil ja mit einer falschen Nummer das Handy des Angesprochenen nicht klingelt. Ein weiterer Pluspunkt des papierlosen Arbeitens ist, dass man im Kontaktgespräch einen neuen, separaten Kontakt anlegen und sofort Name, Beruf und zusätzliche Infos im Notizfeld des Smartphones ergänzen kann. Wenn man dann am Abend nach Hause kommt und man synchronisiert Telefon und Rechner, dann hat man die neuen Kontakte mit allen notwendigen Infos sofort in seiner Datenbank und muss sich nicht erst durch Hosen- und Jackentaschen wühlen, um die Beute des Tages noch mühevoll zu sichten und zu archivieren, um am Ende dann festzustellen, dass man den Zettel mit dem besten Kontakt des Tages wahrscheinlich im Eifer des Gefechtes irgendwo verloren hat.

**Vorteile des „papierlosen Arbeitens":
keine falschen Nummern, sofortiges Einpflegen in die Kontaktdatenbank**

Psychologie

3. Vom Mythos des Bieterstatus

Der Bieterstatus ist in der Tat ein Thema, welches einige Kollegen um den Schlaf bringt. Auf der Suche nach immer besseren und ausgefeilteren Formulierungen, um dem Gesprächspartner einen möglichst „hohen" Status zu kommunizieren, vergessen sie glatt den wichtigsten Punkt:

Den Bieterstatus kann man sich nicht oder nur bedingt herargumentieren! Entweder du hast den Bieterstatus, oder du hast ihn nicht.

> **Entweder du hast den Bieterstatus, oder du hast ihn nicht!**

Vielleicht kennen Sie das auch. Es gibt Menschen, die quatschen sich um Kopf und Kragen, und trotzdem glaubt ihnen keiner. Und dann gibt es welche, die betreten einen Raum, geben nur zwei Sätze von sich, und alle sagen: Wow! Das, was der redet, das hat Hand und Fuß.

Man kann dieses Phänomen ganz besonders gut studieren, wenn man beispielsweise Menschen vergleicht, die im MLM-Vertrieb neu starten. Sagen wir mal, wir haben auf der einen Seite eine junge Bäckereifachverkäuferin und auf der anderen Seite einen erfolgreichen, lebenserfahrenen Unternehmer. Bei diesem Vergleich fällt n der Regel auf, dass sich der Unternehmer wegen seines hohen Status zu Beginn leichter tut. So zum Beispiel beim Telefonieren oder bei der

Ansprache anderer auf Produkt und Geschäftsidee. Das, was er sagt, findet grundsätzlich eher Gehör, weil man ihm wegen seiner Lebenserfahrung, seines Leumunds und seiner gefühlten und tatsächlichen Kompetenz mehr Glauben schenkt als der Verkäuferin. Sie haben zwar beide die gleiche Idee und dieselben Produkte anzubieten, allerdings muss sich unsere junge Bäckereifachverkäuferin ihre Glaubwürdigkeit in der neuen Rolle etwas härter erarbeiten als der Unternehmer. Dieser profitiert bei seinem Neustart von dem, was er in der Vergangenheit geleistet hat. Je besser oder erfolgreicher das in den Augen seiner Gesprächspartner war, desto leichter wird es ihm fallen.

Wer z. B. als Unternehmer im MLM startet, hat durch seine Biographie einen natürlichen Vorteil

Kommen wir nun dazu, wie man mit dieser Herausforderung umgeht. Da die meisten von uns nun mal nicht die Trumpfkarte des Unternehmers oder Selbstständigen ausspielen können, müssen wir uns anderer Strategien bedienen, um den Bieterstatus zu erlangen.

Sicherlich kann man bis zu einem gewissen Punkt fehlenden Status oder fehlende Ergebnisse durch Argumentation, Rhetorik, ein klein wenig Schauspielerei oder ein bisschen Verbalakrobatik überspielen. Allerdings ist die Wirksamkeit eher unbefriedigend.

Vorsicht: Verbalakrobatik schafft noch lange keinen Bieterstatus!

Stellen Sie sich doch mal Folgendes vor: Wie wirkt es wohl, wenn ein Networker, der im Blaumann

Psychologie

auf einem alten Fahrrad unterwegs ist, zu jemand anderem sagt: „Ich bin Chancenverteiler"? – Er wird wahrscheinlich eher ein mitleidiges Schmunzeln ernten. Wie gesagt, ich würde eine Ansprache niemals davon abhängig machen, wie ich gekleidet bin. Allerdings würde ich es in so einem Fall ohne den „Chancenverteiler" versuchen.

Im Gegensatz dazu würde ein gut gekleideter Mensch, der mit einem tollen Oberklassefahrzeug unterwegs ist, wohl eher als Chancenverteiler wahrgenommen werden als der erste Kollege. Der Chancenverteiler, der musst du sein, den kannst du nicht spielen!

Dieses Beispiel zu bringen, war mir an dieser Stelle ein dringendes Bedürfnis. Denn es gibt immer noch unzählige Vertriebler, die sich mit irgendwelchen absurden Berufsbezeichnungen wie „Millionärsmacher" schmücken, obwohl der Banker schon jede Woche anruft, um den fälligen Dispokredit einzutreiben, oder die sich als „Zeitschenker" betiteln, obwohl sie gerade einen Burnout hinter sich haben und der letzte Urlaub fünf Jahre zurückliegt.

Hier ist sicher ein gutes Händchen für die richtige Dosierung solcher Begrifflichkeiten gefragt. Verkaufen Sie sich so teuer, wie Sie nur können, ist die Devise. Allerdings sollte das, was Sie kommunizieren, und das, was Sie tatsächlich sind, auch ein wenig zusammenpassen. Wenn die

Das, was Sie kommunizieren, und das, was Sie tatsächlich sind, muss zusammenpassen

Ingkongruenzen zwischen Sein und Schein offensichtlich zu groß sind, macht man sich auch schnell mal zum Gespött anderer Leute!

Aus meiner Sicht gibt es nur *eine* wahrhaftige Strategie, um den tatsächlichen und echten Bieterstatus im MLM zu erlangen. Diese Strategie lautet: Sorge während deiner gesamten Tätigkeit im MLM immer dafür, dass du mehr Kontakte hast, als du eigentlich abarbeiten kannst. Sorge dafür, das du immer emotional und auch finanziell unabhängig von Einzelpersonen bist, denn die besten Geschäfte machen immer noch Menschen miteinander, die sich gegenseitig nicht nötig haben.

Der entscheidende Punkt, um Bieterstatus zu erlangen: Nicht auf Gedeih und Verderb auf den Kandidaten angewiesen sein, den man gerade gewinnen will

Man könte auch sagen, dass eine der wichtigsten Tätigkeiten eines Networkers die ist, ständig für neue Kontakte zu sorgen und alle sich bietenden Quellen anzuzapfen, um an neue Interessenten heranzukommen. Wenn man keine Quellen kennt, dann sollte man sich informieren und nach neuen Ressourcen suchen.

Daher: Ständig für neue Kontakte sorgen!

Eine ziemlich ergiebige Ressource ist ja, wie wir wissen, der Direktkontakt. Wenn Sie einmal gelernt haben, Direktkontakte zu machen, wird Sie nichts und niemand mehr von Ihrem Weg abbringen können, denn Sie alleine haben es in der Hand, ob Sie am Tag 5, 10, 15, 20 neue Kontakte machen oder gar keinen.

Psychologie

Mehr neue Kontakte zu haben, als man abarbeiten kann, bedeutet ein wichtiges Stück Unabhängigkeit!

Wenn Sie mehr frische und neue Kontakte haben, als Sie abarbeiten können, werden Sie in Zukunft ein Gefühl bald nicht mehr kennen: die Verlustangst oder die lähmende Gewissheit, von jemandem in Ihrem Team wirtschaftlich/geschäftlich abhängig zu sein.

Die meisten werden das Thema vielleicht noch besser anhand eines Beispiels nachvollziehen können, welches rein gar nichts mit Network-Marketing zu tun hat.

Ich bin mir sicher, Sie waren alle schon mal beim Campen! Camping ist ja in der Tat etwas Wunderbares – bis zu dem Tag, an dem das Wetter schlecht wird.

Aber auch das ist nicht unbedingt ein Problem. Man kann ja auch ein Lagerfeuer machen, um sich zu wärmen, und auch nasse Sachen lassen sich über einem kleinen Feuerchen recht schnell trocknen. Kurz und gut, Sie wollen ein Feuer anmachen und suchen die Streichhölzer. Dann finden Sie doch in der Tat die Schachtel in derselben Hose, die Sie eigentlich am Feuer trocknen wollten, und ahnen schon, was auf Sie zukommt.

Die Schachtel ist genauso nass wie die Hose, und in dem Moment, in dem Sie sie öffnen, stellen Sie mit Begeisterung fest: Hurra, Sie haben in der Tat noch ein letztes Streichholz übrig, mit dem Sie das Feuer entzünden können.

Es ist Ihnen noch ein Stück klarer geworden, dass es sehr, sehr schwierig werden wird, aber Sie haben keine Alternativen, keine weiteren Hölzer, und versuchen es. Nachdem Sie das Zündholz zum zweiten Mal an der Reibfläche entlanggezogen haben, bröckelt der Schwefel vom Holz, und mit dem Schwefel bröckelt der Rest Ihrer Zuversicht. Mit großer Anstrengung und total verkrampft machen Sie noch einen Versuch – und siehe da: Sie haben in diesem Moment die Kuppe des Zündholzes mit großem Erfolg abgebrochen. Das wiederum bedeutet das Ende Ihrer Mission. Kein Funke, kein Feuer, keine trockenen Klamotten.

Diese Geschichte lässt sich auch sehr schön und fast eins zu eins aufs MLM übertragen. Was für den Campingfreund das letzte, nasse Streichholz, das ist für den Durchschnittsnetworker der berühmt-berüchtigte letzte Kontakt, von dem dann auch noch der „Erfolg" der gesamten Mission abhängt. Dieser Kontakt ist zwar vielleicht nicht nass wie unser besagtes Zündholz, aber Sie haben ihn in den letzten zwei Monaten schon viermal angesprochen und er Ihnen schon zum fünften Mal abgesagt.

Was für den durchnässten Campingfreund das letzte, nasse Streichholz, ist für den Durchschnittsnetworker der berühmt-berüchtigte letzte Kontakt, von dem der „Erfolg" der gesamten Mission abhängt!

Merken Sie was? Das kann nicht funktionieren, und im tiefsten Inneren wissen wir das auch, doch

Psychologie

die meisten von uns sind im Laufe ihres Lebens Weltmeister darin geworden, sich selbst etwas vorzumachen.

Ja, wir sind in der Lage, uns die beschissenste Situation immer wieder schönzureden. So nach dem Motto: Dann rufe ich halt noch ein weiteres Mal an, vielleicht bekomme ich dann eine Zusage. Wenn man etwas unbedingt braucht, wird man es nicht bekommen, und wenn man auf jemanden angewiesen ist, wird derjenige nicht funktionieren, genau wie das feuchte Streichholz. Ich glaube, diese Dinge sind vielen von uns auch als Murphys Gesetze bekannt:

■ Wenn du schnelles Geld brauchst, weil du Schulden hast, wird dir in diesem Moment keiner welches borgen.

■ Wenn du krampfhaft einen neuen Lebenspartner suchst, weil du das Alleinsein satt hast, wirst du keinen finden.

■ Wenn du dringend einen neuen Job suchst, wirst du ihn wahrscheinlich nicht gleich in dem Moment finden.

■ Wenn du mit dem letzten Streichholz unbedingt ein Feuer anzünden willst, wird es nicht funktionieren.

■ Wenn du nur noch *einen* Menschen hast, den du auf dein Geschäft ansprechen kannst, wirst du dir mit an Sicherheit grenzender Wahrscheinlichkeit eine Absage einfangen.

Erst wenn du es nicht mehr „nötig" hast, wenn es gar nicht mehr wichtig ist, weil du nicht darauf angewiesen bist, kommt alles so, wie du willst. Ja, der Teufel scheißt halt immer auf den größten Haufen!

Erst wenn man es nicht mehr „nötig" hat, wenn es gar nicht mehr wichtig ist, weil man nicht darauf angewiesen ist, kommt alles so, wie man will

Wie spricht man Highpotentials an?

Wie spricht man Highpotentials an?

Es gab eine Zeit, in der war ich nicht so richtig zufrieden mit der Qualität meiner Kontakte oder, besser gesagt, mit dem, was unter dem Strich bei der Verarbeitung an Umsatz rauskam. Ich habe mir damals in einigen Brainstormings mit meinen Führungskräften sehr viele Gedanken über dieses Thema gemacht, und wir sind schlussendlich nach einiger Zeit zu folgender bahnbrechender Erkenntnis gekommen: Je besser die Qualität, die Fähigkeiten und Beziehungen meiner Kontakte und Mitarbeiter sind, desto größer ist die Wahrscheinlichkeit, dass ich und damit auch meine Leute im Vertrieb oder MLM schnell vorankommen.

Je besser die Fähigkeiten und Beziehungen meiner Mitarbeiter, desto größer ist die Wahrscheinlichkeit, dass ich und meine Leute im Vertrieb oder MLM schnell vorankommen

Wir haben also festgestellt, dass es, auch wenn es etwas komisch klingt, auf die Qualität der Geschäftspartner ankommt. Irgendwo hatte ich dann zufällig auch noch den Spruch gelesen, dass die Qualität unserer Gedanken die Qualität unseres Lebens bestimmt, und ab diesem Zeitpunkt schien es mir auch gar nicht mehr verwerflich, Menschen aus geschäftlicher Sicht in verschiedene Qualitätsstufen einzuteilen.

Das persönliche Rating für potenzielle Kandidaten

Damit war auch die Vergabe eines persönlichen Ratings für potenzielle Kandidaten geboren. Von mir bekommt also seit diesem Zeitpunkt jeder Mensch eine geschäftliche Einstufung verpasst. Entweder er oder sie ist ein A, ein AA, oder er/

sie erhält das Prädikat „besonders wertvoll", also AAA.

Einige Leser werden an dieser Stelle wahrscheinlich laut ausrufen: „Wie kann er denn für Menschen Ratings vergeben?" Darum sei hier angemerkt: Diese Einteilung hat rein gar nichts damit zu tun, dass bestimmte Leute für mich als Menschen höheren oder minderen Wert hätten, sondern es geht hierbei ausschließlich um meine persönliche, subjektive Beurteilung von geschäftlichen Chancen und Wahrscheinlichkeiten.

Selbst einige meiner besten Freunde habe ich in geschäftlicher Hinsicht lediglich mit dem Prädikat A versehen. In persönlicher Hinsicht und als Freunde würde ich diesen Jungs allerdings gerne ein AAA+ vergeben. Das heißt also ganz klar, dass deren Qualitäten für mich von außergewöhnlichem, wenn nicht sogar unschätzbarem Wert sind, ich aber entschieden habe oder feststellen musste, dass die geschäftliche Verbindung zwischen uns nicht unbedingt sein muss oder sein soll.

Ich stelle also ganz profan fest: Welche Fähigkeiten hat er oder sie, und wie groß ist sein/ihr persönlicher Kontaktkreis, also wer „hängt an ihm/ihr dran"? Ich glaube, ich habe mittlerweile auch einen ausreichend guten Einblick in die Branche, um offen sagen zu können und auch zu dürfen,

Ich stelle ganz profan fest: Welche Fähigkeiten hat er oder sie, und wie groß ist sein/ihr persönlicher Kontaktkreis?

Wie spricht man Highpotentials an?

dass es im Network-Marketing nicht jeder bis ganz nach oben schaffen kann – und insgeheim wissen das auch die meisten selbst.

Um ein bisschen Umsatz zu machen, dafür ist zwar jeder gut, aber über seine eigentlichen Begabungsgrenzen hinauszuwachsen, sich neue Kompetenzen anzueignen und ein ertragreiches Netzwerk aufzubauen, das ist auch im Network-Marketing nur den Besten, Fleißigsten und Entwicklungsbereitesten vorbehalten. Und natürlich denen mit den besten Connections!

Wenn man einen Blick in die freie Marktwirtschaft wirft, so stellt man fest, dass diese Erkenntnis nicht nur im Network-Marketing ihre Gültigkeit hat, sondern in allen Branchen, Industriezweigen und Unternehmen dieser Welt.

Nicht umsonst werden mittlerweile im Silicon Valley oder in anderen Wirtschaftszentren dieser Welt Mondgehälter von mehreren Hunderttausend Dollar pro Jahr und höher an außergewöhnliche Menschen mit überdurchschnittlichen Fähigkeiten gezahlt. Auch ist es kein Geheimnis mehr, dass nicht nur Fähigkeiten zählen, sondern auch die Größe des persönlichen Kontaktnetzwerkes oder die Vernetzung mit anderen Highpotentials in der entsprechenden Branche.

Ebenso gilt, dass für die Vergabe eines top bezahlten Bankerpostens nicht mehr ausschließlich das Know-how im Geldgeschäft entscheidend ist, sondern ebenso die Größe und Qualität des vorhandenen Kontaktnetzwerkes. Man sagt dort, je besser die Vernetzung in der Branche, desto größer ist die Wahrscheinlichkeit, den Posten auch zu bekommen.

Wir halten also fest, dass es in der freien Wirtschaft zwei wesentliche Einstellungskriterien für neue Mitarbeiter gibt: Entweder man hat entsprechendes Know-how und kann was, oder man hat entsprechend hochwertige Kontakte und verfügt über Verbindungen zu einflussreichen Menschen oder den Meinungsmachern und Entscheidern der Branche. Wenn man beides hat, also über die entsprechenden Qualitäten und die hochwertigen Connections verfügt, dann ist dies das Optimum.

So auch im Network-Marketing. Es sind die Meinungsmacher, einflussreiche Menschen, Unternehmer oder andere gut vernetzte Persönlichkeiten, die immer wieder für die Blitzkarrieren in der Branche sorgen.

A so, lasst sie uns reinholen!

Es sind die Meinungsmacher, einflussreiche Menschen, Unternehmer oder andere gut vernetzte Persönlichkeiten, die immer wieder für die Blitzkarrieren in der Branche sorgen

Zum besseren Verständnis für den Leser sei an dieser Stelle angemerkt: Es ist nur zu natürlich und menschlich, dass man gerade am Anfang seiner unternehmerischen Aktivitäten im Network meist nur mit den Leuten spricht, an die man sich am ehesten rantraut, von denen man

Wie spricht man Highpotentials an?

der Meinung ist, dass man an denen mal etwas ausprobieren kann, mehr noch, bei denen man denkt, dass man ihnen schon irgendwie gewachsen ist, dass man nur eine schöne Story erzählen muss und sie schon irgendwie überzeugt bekommt. Speziell beim Direktkontakt bekam ich meistens nur die Nummern von Menschen, na ja, wie soll ich sagen, bei denen es nicht schwer war, sie zu überzeugen.

Warum und wie Topleute rekrutieren? – Eine Erfahrung aus der Praxis

Ein Beispiel direkt aus der Praxis soll hier zeigen, wie es funktionieren kann, mit mehr Topleuten zu arbeiten, und vor allem, welche Auswirkungen es auf Ihre Tätigkeit haben kann und haben wird.

In meinem ehemaligen Partnerunternehmen lief der Rekrutierungsvorgang folgendermaßen ab: Menschen, die wir im persönlichen Gespräch als Mitarbeiter gewinnen wollten, haben wir verbindlich für die Teilnahme an einer Firmenpräsentation angemeldet, welche über zwei Tage, jeweils Samstag und Sonntag, an einem Wochenende stattfand.

Für uns als Anwerbende war es immer eine relativ große Hürde, den Interessenten klarzumachen, dass sie die Kosten für Spesen und Verpflegung an diesem Wochenende selbst tragen müssen. Verständlicherweise war es meistens so, dass sie im Gespräch voll begeistert waren, als es aber darum ging, die 110 Euro zu investieren, da trennte sich die Spreu vom Weizen. Die Enttäuschung war auf unserer Seite deswegen immer besonders groß, und wir sehnten immer wieder eine kostenfreie Präsentation herbei, in der Hoffnung, dass wir dann mehr Teilnehmer gewinnen würden.

Aus meiner heutigen Sicht kann ich kaum noch glauben, dass ich damals so gedacht habe, mehr noch, dass ich mir eine Verbesserung meiner Gewinnungsquote erhoffte. Welch ein Trugschluss!
Ich habe zwar schon früher den Spruch gekannt: „Geschenkte Dinge sind nichts wert!" Was dahintersteckt, habe ich allerdings viel später begriffen. Erst vor gar nicht so langer Zeit bin ich mir dessen wirklich bewusst geworden, dass Dinge, die nichts kosten, tatsächlich nichts wert sind. Ihnen als Insider kann ich ja an dieser Stelle ein paar Interna verraten.
Es gab Menschen, die wir bei unserer Firma „Rekru-Tier" gerade in der Anfangsphase kostenlos gecoacht haben, um uns bekannt zu machen, oder denen wir kostenfrei Produkte von uns abgegeben haben. Leider haben diese Menschen in der Regel nichts von dem Wissen umgesetzt, das wir ihnen weitergaben.
Die Quote der Umsetzer nimmt aber exponentiell zu, je mehr die Menschen investiert haben, um bestimmtes Wissen und/oder Geschäftsstrategien

**Unsere Erfahrung als Coachs:
Je mehr die Menschen in das erworbene Wissen investiert haben, desto mehr davon setzen sie um!**

Wie spricht man Highpotentials an?

von uns zu erhalten. Wer Geld in die Hand nimmt, der wendet erworbenes Wissen auch in der Praxis an. Mehr noch, es besteht ein enger Zusammenhang zwischen der Höhe der Investition und den Umsetzungsquoten. Fakt ist: Die Menschen, die Geld investiert haben, tun in der Regel alles, um die investierte Summe möglichst zeitnah wieder „reinzuverdienen". Bei den Menschen, deren Investition außergewöhnlich hoch war, kann ich mit an Sicherheit grenzender Wahrscheinlichkeit voraussagen, dass sie sich minutiös und detailgenau an unsere Anweisungen halten, Gelerntes konsequent anwenden und innerhalb kürzester Zeit das investierte Geld, oder meist noch wesentlich mehr, wieder eingespielt haben.

Ist das verrückt oder ist das normal? – Ich glaube, es ist normal, denn in anderen Bereichen ist es ja genauso. Erst wenn es irgendwo wehtut und wir körperliche Schmerzen haben, dann ändern wir unsere Lebensgewohnheiten. Und erst wenn es uns in der Geldbörse „wehtut", dann setzen wir etwas um. Ansonsten schätzen die meisten Menschen den Wert von Informationen gar nicht.

Erst wenn es in der Geldbörse „wehtut", schätzen die Menschen den Wert von Informationen

Doch zurück zu meiner damaligen vertrieblichen Tätigkeit. Wir halten zur Erinnerung noch mal fest: Uns fiel es relativ schwer, die 110 Euro Seminarpauschale zu „verkaufen". Wir waren aus heutiger Sicht schwache Rekrutierer/Verkäufer!

Zu allem Übel gab es dann irgendwann noch eine neue Regelung, in der festgelegt wurde, dass das Seminar in Zukunft in einem anderen Hotel stattfinden sollte – nämlich in einem Fünfsternehaus. Der Preis für die Pauschale: 250 Euro. Das war also mehr als das Doppelte von dem, was wir gewohnt waren. Fast jeder von uns war der Meinung, dass es unmöglich wäre, den Interessenten klarzumachen, warum sie bei Teilnahme an einer Infoveranstaltung 250 Euro für Spesen und Verpflegung investieren müssen.
Doch was tut man, wenn man die Dinge nicht ändern kann? Man akzeptiert sie halt.
Und so machten wir uns alle wieder ans Werk, um unserem Tagesbusiness und damit unserem Sponsor-/Rekrutierungsauftrag nachzukommen.

Doch kommen wir nun zum entscheidenden Punkt, nämlich zu den Auswirkungen dieser Maßnahme.
Unsere nächsten Infoveranstaltungen in diesem Fünfsternehotel waren, wie zu erwarten, nur mit halb so vielen neuen Interessenten besetzt wie bisher. Um genau zu sein, hatten wir anstelle von 40 Teilnehmern im Vormonat lediglich 18 und 21 in den Monaten darauf.
Das Interessante an dieser Situation war allerdings, dass sich die Qualität der Teilnehmer zu erhöhen schien. Konkret sind auf den

Wie spricht man Highpotentials an?

250-Euro-Veranstaltungen durchschnittlich mehr Interessenten gesessen, die mehr oder weniger mit beiden Beinen fest im Leben und auch im Beruf standen.

Wir hatten mehrere Unternehmer, Freiberufler und Selbstständige unter den Teilnehmern, und die Zahl der Interessenten, die in ihrem bisherigen beruflichen Leben schon etwas erreicht hatten, war relativ hoch. Ganz im Gegensatz zu den vorhergehenden Seminaren, bei denen der Großteil der Anwesenden aus Studenten und eher „normalen" Angestellten bestanden hatte.

Aus vertrieblicher Sicht war diese Maßnahme mit dem teureren Hotel nichts anderes als ein neu installiertes Steuerungstool unserer Führungskräfte für die Qualität unseres Geschäftes!

Die Einstiegshürde zu unserem Geschäft wurde erhöht und der Zugang für zahlungsschwächere Zielgruppen erschwert. Ganz von selbst stellte sich eine Vorselektion der Interessenten ein

Ganz einfach ausgedrückt, wurde die Einstiegshürde zu unserem Geschäft dadurch erhöht und der Zugang für zahlungsschwächere Zielgruppen erschwert. Unser Geschäft bekam dadurch automatisch mehr Wert. Ganz von selbst stellte sich eine gewisse Vorselektion der Interessenten ein.

Das Grundproblem als solches war damals nämlich unsere Vorliebe, insbesondere Studenten zu sponsern, weil wir ja selbst aus diesen Kreisen entsprungen waren. Diese Zielgruppe der Lernenden gehört aber bekanntlich nicht unbedingt zu den finanziell sehr gut gestellten, und auch der

Bekanntenkreis dieser Klientel besteht wiederum aus eher nicht solventen Menschen, die wiederum keine Kontakte zu vertrieblich interessanten Zielgruppen haben.

Hochinteressante vertriebliche Zielgruppen sind immer die, die über eine gewisse Solvenz verfügen und die ein entsprechendes Netzwerk haben, das eine gute Reputation verspricht. Dazu gehörten die Studenten, wie gerade besprochen, leider nicht.

Das Resultat dieser Änderung war damals, dass unsere Strukturen zwar nicht mehr so hochexpansiv waren, die Pro-Kopf-Umsätze allerdings anstiegen, die Abschlussquoten sich verbesserten, der Empfehlungskreislauf wesentlich effektiver funktionierte und auch die Storno- und Fluktuationsquoten neuer Partner erheblich nach unten gingen. Ende vom Lied. Allen war geholfen!

Allerdings verabschiedeten sich auch ein paar Geschäftspartner, die sich unter den neuen „teuren" Umständen nicht mehr in der Lage sahen, die Geschäftsidee begeistert zu promoten. Wir hatten also zusätzlich noch einen Bereinigungseffekt in unseren Strukturen, der natürlich am Anfang sehr schmerzlich war, beim näheren Hinsehen jedoch dazu führte, unsere Geschäftsqualität und den Verdienst erheblich zu verbessern.

Der Lerneffekt aus diesem Erlebnis ist folgender: Allein der Aufruf unserer Führungskräfte, nur

Das Resultat: Unsere Strukturen waren nicht mehr so hochexpansiv, aber die Pro-Kopf-Umsätze stiegen an, die Abschlussquoten verbesserten sich, der Empfehlungskreislauf funktionierte effektiver, und die Storno- und Fluktuationsquoten gingen nach unten. Allen war geholfen!

Wie spricht man Highpotentials an?

Topleute für unsere Teams zu gewinnen, führte nicht zum Erfolg. Erst die Auswahl eines teureren Hotels und damit einer wesentlich höheren Seminarpauschale brachte den gewünschten Effekt.

Ein ähnlicher Effekt ist übrigens auch im echten, „nicht vertrieblichen" Leben zu beobachten. Je mehr Sterne z. B. das gebuchte Urlaubshotel hat, desto weniger ist mit am ganzen Körper tätowierten und betrunkenen Urlaubsgästen zu rechnen, die am Buffet bergeweise Essen aufladen und dessen Reste dann am Ende sorgfältig am Boden der ganzen Anlage verteilen.

> **Je höher die Einstiegshürde, desto besser oder elitärer die Klientel, die mitmacht**

Ganz einfach: Je höher die Einstiegshürde, desto besser oder auch elitärer die Klientel, die mitmacht. Egal, worum es geht!

Warum ich Ihnen diese Geschichte so ausführlich geschildert habe: weil Menschen am besten an verständlichen und nachvollziehbaren Beispielen aus der Praxis lernen.

Ich hätte Ihnen ein Dutzend Mal erzählen können, dass Sie „nach oben rekrutieren", nur Leute ins Geschäft bringen sollen, die besser sind als Sie selbst, dass Sie ausschließlich Highpotentials ansprechen sollen und dass ganz besonders die Leute Sie voranbringen, die über entsprechende Zahlungskraft und entsprechende Netzwerke verfügen. Sie hätten mich wahrscheinlich nicht erhört! Oder vielmehr, Sie hätten zwar gesagt, dass Sie es verstanden haben, aber im Tagesgeschäft wären Sie denselben Weg gegangen wie bisher, weil Ihnen die Konsequenzen aus Ihrem Tun gar nicht bewusst geworden wären.

Selbst wir waren damals der Meinung, dass wir Topleute rekrutierten. Wir kannten ja gar keine anderen Menschen als Studenten, und deswegen waren das nun mal unsere Topleute.

Erst die Erhöhung der Pauschale zwang uns, gewissermaßen den Blick zu heben und unseren Fokus vermehrt auf die Gewinnung anderer Zielgruppen zu legen, denn Studenten konnten sich d e 250 Euro meist nicht leisten.

Deswegen waren wir dann also auch beim Direktkontakten mit einem anderen Fokus unterwegs, selektierten die Namenslisten neuer Partner unter völlig neuen Kriterien und waren auch bei der Empfehlungsnahme beim Kunden auf ganz andere Kategorien von Menschen fixiert als vorher.

Versuchen Sie sich doch in diesem Moment einmal Folgendes konsequent vorzustellen: Wenn ich mich, egal in welcher geschäftlichen oder sozialen Position ich mich derzeit befinde, ein Jahr lang konsequent darauf konzentriere, ja mich sogar verpflichte, ausschließlich neue Highpotentials und neue Konnektoren kennenzulernen: Wie

Wenn Sie dicke Fische angeln wollen, dann müssen Sie auch lernen, in anderen Gewässern zu fischen. Nicht immer nur im Tümpel vor Ihrer Haustür!

entwickle ich mich in diesem Jahr als Persönlichkeit, was passiert mit meinem Geschäft, und was tut sich im Hinblick auf mein Einkommen?

Wenn der Ausspruch „Zeige mir, mit wem du dich umgibst, und ich sage dir, wer du bist – bzw. was du verdienst!" stimmt, dann sollte sich innerhalb dieses Jahres eine Verbesserung oder sogar massive positive Weiterentwicklung im persönlichen, geschäftlichen und auch finanziellen Bereich einstellen.

Durch den Kontakt zu hochwertigen Zielgruppen gewinnt man – menschlich, geschäftlich, finanziell

Natürlich, da will ich ehrlich sein, fordert dieses Experiment wieder einmal eine Menge Mut. Denn die meisten Menschen, und dazu gehören auch Networker, lernen ja, sobald sie das 25. Lebensjahr erreicht haben, kaum noch neue Leute kennen, geschweige denn dass sie neue Freunde finden. Aber warum nicht mal was Verrücktes ausprobieren?

Alles, was Sie bis jetzt haben, das haben Sie doch sowieso schon sicher, warum nicht in ganz anderen Kreisen Freunde gewinnen? An neuen, einflussreichen Freunden hängt auch neues und hochwertiges Geschäft.

Grundsätzlich ist zu Beginn Folgendes festzuhalten: Wenn ich mich ständig den gleichen Reizen respektive der gleichen Umgebung aussetze, dann werde ich es nicht lernen, mich anzupassen, und mich somit auch nicht weiterentwickeln

Wie spricht man Highpotentials an?

Setzen Sie sich bewusst neuen Reizen und einer anderen Umgebung aus ...

können. Dieses gute alte Prinzip aus der Trainingslehre im Sport gilt eins zu eins auch für persönliches Wachstum.

Beobachten Sie sich zum Beispiel einmal, wenn Sie Ihr Lieblingsrestaurant besuchen: Die meisten von uns setzen sich immer wieder an denselben Tisch, wenn nicht gar auf denselben Platz, und das, obwohl das halbe Restaurant leer ist.

... das beginnt schon damit, sich nicht in seinem Lieblingsrestaurant an den immer gleichen Platz zu setzen

Das ist ab heute vorbei, denn am selben Tisch und am selben Platz passieren auch meistens dieselben Dinge wie immer, und meistens sitzen am Nachbartisch auch dieselben Menschen wie sonst, nämlich die, die immer dort sitzen. Ab heute werden Sie konsequent immer an einem anderen Platz sitzen, um ständig Neues und neue Menschen kennenzulernen. Das ist eine kleine Änderung, mit der Sie den Prozess der Veränderung zumindest schon mal bewusst und proaktiv anstoßen können.

Ansprache neuer Zielgruppen

Ein spezielle Veränderung, die wir seinerzeit in Angriff genommen haben, war die Ansprache neuer Zielgruppen. Nicht mehr Studenten sollten das Ziel der Wahl sein, sondern Menschen, die in irgendeiner Form Geld hatten. Wir haben das damals nicht freiwillig gemacht, aber die Erhöhung der Seminarpauschale zwang uns mehr oder weniger dazu.

Natürlich haben wir damals hochkomplexe Gedankengänge entwickelt, wie wir denn jetzt in Zukunft an qualitativ hochwertigere Geschäftspartner kommen. Allerdings hatten wir auch nicht viel Zeit, wochenlang darüber nachzudenken, und deswegen fällten wir dann recht unkonventionell eine schnelle Entscheidung: Wir würden in Zukunft beim Direktkontakt bevorzugt die Fahrer/innen von teuren Autos ansprechen. Wir unterstellten damals bei unseren Überlegungen, dass Menschen, die teure Autos fahren, in irgendeiner Form erfolgreicher sein müssten als andere.

Mehr noch, wir haben uns gefragt, wer denn speziell die Leute sind, die ein teures Auto fahren, das mehr als 80 000, 100 000 oder 150 000 Euro kostet.

Wir entscheiden: Wir würden in Zukunft beim Direktkontakt bevorzugt die Fahrer/innen von teuren Autos ansprechen

Die Antwort war schnell gefunden: Unternehmer, Selbstständige, Freiberufler, Leute, die reich geboren wurden, angestellte Top-Führungskräfte, Schauspieler, Profisportler, Promis, Stars und Sternchen, etc. ... Auf alle Fälle keine Studenten! Wir haben also festgestellt, dass Leute mit teuren Autos Menschen sein mussten, die in irgendeiner Form Geld haben.

Die These, die wir damals aufstellten, war folgende: Wenn wir in den nächsten Wochen mit 100 Leuten sprächen, die Geld, ja sogar viel Geld hätten, dann müsste doch für uns geschäftlich

Wie spricht man Highpotentials an?

mehr rauskommen, als wenn wir mit 100 Studenten sprächen.
Gesagt, getan. Noch etwas unsicher, aber hochmotiviert machten wir uns auf den Weg, Menschen mit teuren Autos anzusprechen.
Gleich am ersten Tag nahmen wir uns vor, in München ausschließlich Porschefahrer zu kontaktieren. Weil ja der Porsche das Statussymbol schlechthin ist, gingen wir davon aus, dass auch der Porschefahrer oder die Porschefahrerin eine gut betuchte Persönlichkeit sein müsse, die zu unserem neuen Zielpersonenkreis gehöre. Wir wussten zwar am Anfang noch nicht wie, aber die Entscheidung war zumindest schon mal getroffen.
Wir wollten nicht mehr mit den „Semmeln" sprechen, sondern gleich mit dem Bäcker!

Als kurze Anmerkung am Rande sei erwähnt, dass solche Menschen nicht unbedingt auf jemanden gewartet hatten, der sehr zielstrebig auf sie zuging und sagte: „Hallo, ich hätte Sie gerne für eine geschäftliche Zusammenarbeit in meiner Firma gewonnen!" – Oder doch?
Man muss sagen, dass so ein Highpotential weniger oder gering reaktiv ist, wenn man ihn auf einen Zusatzverdienst von 500 Euro anspricht oder wenn man ihm eine komplett neue Geschäftsidee anbietet.

Was man wissen sollte: Solche Menschen haben andere Motive. Jeder Unternehmer und jeder Selbstständige muss sich immer wieder Gedanken darüber machen, wie er an neue Kunden für seine Dienstleistung kommt, wie er neue Märkte erschließen kann und seine Firma voranbringt. Denn er hat ja niemanden, der ihm ein festes Gehalt zahlt.

Das ist auch der Grund dafür, warum Unternehmer grundsätzlich immer „die Antenne auf Empfang haben". Sie sind ständig auf der Jagd. Nicht nach 500 Euro nebenbei, sondern nach Umsatz, Aufträgen, Kooperationsmöglichkeiten, Synergien, Befürwortern ihrer Dienstleistungen, neuen Mitarbeitern und Kunden, um noch erfolgreicher zu werden. Wohlgemerkt, das Hauptanliegen dieser Menschen ist, das Business, welches sie betreiben, noch besser zu machen.

Unternehmer sind ständig auf der Jagd nach Umsatz, Aufträgen, Kooperationsmöglichkeiten, Synergien, Befürwortern ihrer Dienstleistungen, neuen Mitarbeitern und Kunden

Die Zauberworte, die sich bei uns als äußerst erfolgreich erwiesen, hießen „Synergien und Kooperationsmöglichkeiten".

Die Zauberworte bei dieser Zielgruppe: „Synergien und Kooperationsmöglichkeiten"

So kam es, dass wir an unserem ersten Testtag über die Münchner Leopoldstraße liefen und Ausschau hielten nach Porschefahrern, die ihre Luxusgefährte in die recht engen Parklücken manövrierten.

Wer die Leopoldstraße ein wenig kennt, wird erraten, dass es nicht besonders schwer war, die

Wie spricht man Highpotentials an?

entsprechenden Kandidaten zu erspähen. An jeder dritten oder vierten Parklücke haben wir einen Kontakt gemacht!

Als wir dann so nach und nach die ersten Absagen kassierten, nachdem wir diese tollen Menschen auf einen guten Zusatzverdienst angesprochen hatten, hatte ich irgendwie das Gefühl, dass wir die Strategie ein wenig ändern sollten. Ein zweites Standbein schien die wenigsten zu interessieren. So kam es, dass wir bei allen weiteren Ansprachen ein wenig intensiver unsere Bewunderung für die tollen Autos kommunizierten und die Geheimwaffe Anerkennung zum Einsatz brachten.

Wir brachten die Geheimwaffe Anerkennung zum Einsatz

Die Ansprache hörte sich dann ungefähr so an:

💬 *Schönen guten Tag. Einen tollen Wagen fahren Sie da. Porsche Turbo, Wahnsinn! Das ist unser Traumwagen.*

„Meiner auch☺", war meistens die Antwort.

„Dürfen wir fragen, was man geschäftlich machen muss, um sich so ein super Auto leisten zu können?"

💬 *Dürfen wir fragen, was man geschäftlich machen muss, um sich so ein super Auto leisten zu können?*

Die Antworten, die wir bekamen, reichten von „Aktiengeschäfte" über „Immobilienmakler", „Franchiseunternehmer", „Internetmarketing", „Baugewerbe" bis hin zu „Tankstellenbesitzer" oder „Textilgroßhandel". Kurz und gut, es waren alle Branchen und Geschäftsideen vorhanden, die man sich nur vorstellen kann. Übrigens ein Zeichen dafür, dass man in nahezu jeder Branche gutes Geld verdienen kann! – Wir machten dann weiter mit der Überleitung:

💬 *Wow, dann haben Sie es ja schon geschafft, Sie fahren unseren Traumwagen und sind schon dort, wo wir irgendwann mal hinwollen! Da kann man bestimmt eine Menge von Ihnen lernen, Sie haben mit Sicherheit so einiges an Erfahrungen und Tipps auf Lager!*

Meistens kam dann die Gegenfrage: „Wieso, was macht ihr denn?"
Wir sagten dann:

💬 *Wir sind im Vertrieb tätig und sind gerade dabei, hier in der Region was Neues aufzubauen. Mit jemandem wie Ihnen würden wir uns gerne mal unterhalten. Vielleicht gibt es ja Synergien und Kooperationsmöglichkeiten, die man gemeinsam nutzen kann. Möglicherweise können wir von Ihren Erfahrungen und Ihren Kontakten profitieren, und vielleicht können wir ja auch Ihnen mit unserem Netzwerk geschäftlich weiterhelfen!*

„Vielleicht gibt es ja Synergien und Kooperationsmöglichkeiten, die man gemeinsam nutzen kann"

Wie spricht man Highpotentials an?

Zugegeben, die Ansprache war recht schwammig formuliert. Sie zielte darauf ab, den Angesprochenen etwas zu bauchpinseln und ihn in den Glauben zu versetzen, dass man mit uns Geschäfte machen könne. Aber sie führte dazu, dass uns drei von zehn dieser Leute – die Quote war also dieselbe wie gewohnt –, manche recht gönnerhaft, manche auch ein wenig arrogant und wieder andere mit einem breiten Grinsen, ihre Karten überreichten und sagten: „Na, dann bin ich gespannt, lasst uns einfach mal telefonieren, Jungs!"
Bingo, damit war es geschafft, dass wir ab diesem Zeitpunkt eine neue Zielgruppe im Visier hatten. Noch viel besser war, dass unser geliebter Direktkontakt auch bei diesen Menschen funktionierte. Die Herangehensweise war zwar ein wenig anders, aber die Reaktionen auf unsere Ansprachen waren größtenteils sehr gut. Teilweise besser, als wenn wir es mit Studenten zu tun hatten. Die waren nämlich oft arrogant oder wussten alles besser. Die coolen Leute, die schon was geschafft hatten in ihrem Leben und die auch geschäftlich erfolgreich waren, bedankten sich teilweise sogar für die Kontaktaufnahme. Eine Situation, die ich bis dato auch noch nicht so oft erlebt hatte.

Heute mache ich Kontakte zu Highpotentials mit der Präzision eines Laserschwertes, und die Ansprache läuft immer nach demselben Muster ab:

So funktioniert die Ansprache von Highpotentials

1 Massive Bewunderung und Begeisterung für das entsprechende Fahrzeug

2 Frage, *was man beruflich/geschäftlich machen muss, um sich so einen Wagen leisten zu können*

3 *Wow!* Lob und Anerkennung für das bisher Geleistete

4 *Auch ich bin selbstständig, stehe aber noch relativ am Anfang. Dort, wo Sie sind, Mensch, da will ich mal noch hin!* (massives Bauchpinseln)

5 *Sie haben bestimmt eine Menge Erfahrung, von Ihnen kann man in Bezug auf Erfolg wahrscheinlich einiges lernen!* (Ich mache den anderen zum Experten und mich selbst ganz klein)

6 *Ich bin gerade dabei, hier in der Region was Neues aufzubauen* (Neu ist immer gut!)

7 *Vielleicht gibt es ja Synergien und/oder Kooperationsmöglichkeiten. Vielleicht können wir voneinander profitieren* (Ich kommuniziere Nutzen)

8 *Ich würde Sie wahnsinnig gern mal auf einen Kaffee einladen. Vielleicht ergibt sich ja was, wo wir gemeinsam was machen können!*

Führen durch Vorführen

Sollte Ihnen im Moment gerade auffallen, dass Ihre Teampartner nichts tun, dann gibt es dafür nur einen Grund: Sie selbst tun nichts!

1. Den Beweis antreten, dass es funktioniert

Es gibt eine Frage, die ich meinen Teilnehmern immer vor einem Coaching stelle: Was wollt ihr heute lernen bzw. sehen?

Die Antwort ist immer gleich: Sie wollen sehen, wie einfach es geht, Kontakte zu machen, und sie wollen sehen, wie ich das mache.

Genau weil ich das mittlerweile weiß, habe ich eine ganz besondere Strategie entwickelt. Ich gebe ihnen, was sie sehen wollen, und ich gebe es ihnen schnell. Ich gebe es ihnen so schnell, dass es manche gar nicht fassen können, wie einfach das ist.

Man muss sich das ungefähr so vorstellen, dass ich den Kunden begrüße und meist unter der Begrüßung gleich jemanden anspreche. So beiläufig im Vorbeigehen sage ich:

💬 *Mensch, Sie sind mir jetzt so positiv aufgefallen, Sie konnte ich einfach nicht vorbeilassen!*

Sehr oft gelingt es mir, beim Angesprochenen Interesse zu wecken, und ich bekomme die Telefonnummer. Ich sage dann immer etwas salopp zu meinem Teilnehmer: *So, das war's dann, mehr kann ich auch nicht, das Coaching ist damit beendet.*

Meistens ist meinen Kunden in diesem Moment noch die totale Verblüffung ins Gesicht geschrieben, und ich muss gar nicht mehr viel erzählen. Ich habe sozusagen den Beweis gleich zu Beginn angetreten und muss mich nicht um Kopf und Kragen quatschen, wie genial alles funktioniert.

Was die meisten Kunden nicht wissen, ist, dass auch mir in diesem Moment genauso wie jedem anderen der Arsch voller Tränen steht und dass auch ich Angst habe, dass etwas nicht funktioniert, dass ich eine Absage bekomme, dass die Welt untergeht, dass ich im Erdboden versinke oder Ähnliches.

Doch zurück zum eigentlichen Thema. Ein Thema, das im Vertrieb nur ganz wenige beherrschen: Bring dich gleich von Anfang an in die Poleposition und renne vornweg. Wer die dickste Kröte gleich zu Beginn schluckt, wer die schwerste Arbeit gleich zu Beginn anpackt und wer die größte Herausforderung gleich zu Beginn meistert, der wird es viel leichter haben, weil er sich mental viel besser fühlt, als wenn er weiß, er muss das Schwerigste erst noch unter Dach und Fach bringen.

Wer die größte Herausforderung gleich zu Beginn meistert, der wird es viel leichter haben, weil er sich mental besser fühlt

Genauso ist es bei mir. Da ich den Beweis gleich zu Beginn angetreten habe, tue ich mich im Verlaufe eines solchen Coachings erheblich leichter, weil ich die Situation entspannter angehen kann. Ist ja auch klar: Wenn man fünf Stunden

Zeit hat und man macht in der ersten Stunde fünf gute Kontakte, dann reicht es, wenn man in den darauffolgenden vier Stunden pro Stunde einen macht. Anders herum ist es wesentlich schwieriger. Wenn ich weiß, ich muss am Ende noch unbedingt etwas erreichen, koste es, was es wolle, führt das oft dazu, dass man verkrampft und blockiert.

Das wiederum ist keine gute Basis dafür, „stil- und niveauvolle" und vor allem „geschmeidige" Gespräche zu führen.

2. Duplikation/Multiplikation von Strategie und Wissen

Ich weiß, dass viele Menschen, die unsere Seminare besuchen, zum Ziel haben, mit Direktkontakten ihr Team zu vergrößern, und ich weiß auch, dass mindestens genauso viele das Ziel haben, gute Coachs zu sein und ihren eigenen Partnern beizubringen, wie man Direktkontakte macht, um damit eine große Orga aufzubauen. Mehr noch, ich weiß darüber hinaus, dass es für einige wichtiger ist, ihre Partner darin zu schulen, als es selbst zu erlernen.

Wie macht man das Wissen über den Direktkontakt am cleversten seinen Partnern zugänglich?

Jetzt ist nur noch die Frage: Wie macht man das am cleversten? Wie macht man auf dem bestmöglichen Wege dieses geniale Wissen auch seinen Partnern zugänglich?

Viele unserer Seminarteilnehmer machen es so, dass sie nach Hause fahren und ihren Partnern begeistert von unserem Event erzählen. Sie berichten den Teammitgliedern, dass es einen ganz leichten, kostenlosen Weg gibt, wie man immer und überall mit Spaß und Niveau an neue Geschäftspartner herankommt. Nämlich durch Direktkontakt. Sie erklären unser 6-Stufenmodell und die Grundzüge unseres Konzeptes und sagen: Mensch, probier das auch mal aus. Das wäre doch was für dich!

Hoch motiviert verabschiedet man sich, um dann zwei Tage später wieder zu telefonieren und zu fragen, wie die Umsetzung gelaufen ist.

Und siehe da, welch große Freude: Der Partner hat doch tatsächlich in den letzten zwei Tagen jeweils zehn neue Kontakte gemacht. Er spricht begeistert davon, dass er am ersten Tag ungefähr 40 Leute angesprochen und zehn Telefonnummern bekommen hat, und am zweiten Tag hat er für wiederum zehn Kontakte nur noch 30 Ansprachen gebraucht. Außerdem hat er sich vorgenommen, das Ganze jetzt jeden Tag kontinuierlich zu betreiben, weil alles so einfach funktioniert, und ist total begeistert von dieser genialen Strategie.

Doch halt! Wie oft haben Sie diese Situation schon erlebt? Ich traue mich fast zu behaupten: Das, was ich gerade konstruiert habe, hat wahrscheinlich noch nie jemand erlebt. Wie oft habe ich meinen Partnern irgendetwas in der Theorie erklärt, in der Hoffnung, dadurch Aktivitäten zu bewirken!? Es hat nie geklappt. Es waren immer nur die Praxis und das gelebte Vorbild, welches die Partner ins Tun brachte.

Nur die Praxis und das gelebte Vorbild bringen die Partner ins Tun

Ich will an dieser Stelle ganz ehrlich sein. Gehen Sie heute mal zu Ihren Partnern und sagen Sie denen: „Mensch, hier sind ein paar Pitches für dich, mach doch einfach Direktkontakte und sprich ein paar Leute auf dein Geschäft an, das ist total

Führen durch Vorführen

easy." – Keiner Ihrer Leute wird Bock darauf haben, geschweige denn dass er es wirklich versucht oder Erfolge damit hat! Und doch wird es in der Praxis größtenteils so gemacht.

Auch ich war natürlich immer geneigt, diese geniale Methode meinen Partnern zugänglich zu machen, indem ich versuchte, ihnen in der Theorie meine ganze Weisheit einzutrichtern. Doch irgendwie kam das nicht so richtig in die Gänge. Am Anfang machte *keiner* meiner Leute Direktkontakte.

Das Ganze verbesserte sich jedoch, als ich hin und wieder mit einem neuen Interessenten auf unserer Geschäftspräsentation aufkreuzte, den ich durch Direktkontakt gewonnen hatte. Als ich es dann etwas später schaffte, den ersten Partner aus dem Direktkontakt zu aktivieren und Umsatz mit ihm zu schreiben, fand das Thema auch noch keinen regen Zuspruch, nein, dafür wäre es zu früh gewesen. Aber es war zumindest schon bei dem einen oder anderen meiner Leuten ein gewisses Interesse an dieser Vorgehensweise zu verspüren. Nach und nach gelang es mir immer wieder mal, einen Partner durch Direktkontakt zu gewinnen und auch tatsächlich das erste kleine Team aufzubauen. Step by step stieg das Interesse daran. Denn jeder braucht ja im Vertrieb neue Leute, und neue Kontakte wollte jeder haben, weil das der limitierende Faktor war.

So kam es, dass ich nach und nach den einen oder anderen aus meinem Team dazu motivieren konnte, mit mir ein wenig „spazieren zu gehen", um Menschen auf unsere Geschäftsidee anzusprechen.
Ich hatte also den Beweis angetreten, dass diese Vorgehensweise bei mir funktionierte, und deswegen hatte ich dann auch die Akzeptanz und das Interesse einiger Partner.

Ich hatte den Beweis angetreten, dass diese Vorgehensweise funktionierte, und deswegen hatte ich die Akzeptanz und das Interesse der Partner

Auch hier sei angemerkt, dass man das Ganze unbedingt zum Leben erwecken und am Leben halten muss und dass es nicht damit getan ist, einmal etwas auszuprobieren! Man muss es pflegen und kultivieren. Man muss sich konditionieren und man braucht die Kontinuität im Tun.
Diesbezüglich erlebte ich eine sehr interessante Situation in München. Um dort schnell aufzubauen, nahm ich Kontakt mit ein paar befreundeten Vertrieblern meines Partnerunternehmens auf, um mit ihnen gemeinsam Direktkontakte zu machen. Ich wusste ja, dass man sich im Team viel besser motivieren und viel besser performen kann.
Doch meine Anfragen blieben erfolglos. Die Kollegen, die ich anrief, um mit mir zum Kontakten zu gehen – und das war ein halbes Dutzend – hatten gerade keine Zeit, keine Lust oder andere Prioritäten.

Kontinuität im Tun ist wichtig

So ging ich halt am Anfang alleine – und schon am vierten Tage hatte ich den Rückruf vom ersten Kollegen, der dann doch wollte. Warum? Weil ich an den ersten drei Tagen in München 75 Kontakte gemacht hatte, und das ging rum wie ein Lauffeuer.

Ein Ossi ist da, und der macht Kontakte, wie hat er das angestellt? 75 Kontakte an drei Tagen, was hat er den Leuten erzählt? Das waren tagesaktuelle Themen, und deswegen bekam ich nicht nur diesen einen Rückruf, sondern bald darauf noch weitere.

Da ich die Sache dann kontinuierlich fortsetzte, wenn auch nicht mehr ganz mit der anfänglichen Intensität und Schlagzahl, wollten einige Kollegen nicht nur wissen, wie ich es gemacht hatte, sondern sie wollten gerne mal mitgehen zum Kontakten!

Meine Kollegen wollten jetzt gerne mal mitgehen zum Kontakten!

Ah, so läuft das also. Auch dabei war natürlich die Zurückhaltung am Anfang recht groß. Die Ersten, die mit mir mitgingen, liefen hinter mir her, als hätte ich einen gebremsten Anhänger hinten dran. Erst als ich ohne Rücksicht auf Verluste vor den Augen des einen oder anderen Kollegen sechs, acht oder auch zehn Kontakte in der Stunde machte, kam bei dem einen oder anderen wahrscheinlich ein wenig Futterneid auf. Man sah sich jetzt in der Situation, auch mal einen Kontakt machen zu müssen, man konnte doch nicht alles dem Schlosser überlassen, und schon gar nicht, wenn es so leicht ging! ☺

Auch das sprach sich rum, denn die Kollegen kehrten nun in ihre Büros zurück und berichteten dort wiederum ihren eigenen Partnern, dass sie zusammen mit mir Direktkontakte gemacht hatten und dass es super funktioniert habe. Das hatte es zwar, unter uns gesagt, für die meisten noch nicht, aber immerhin trugen sie die Botschaft schon mal weiter ...!

Der nächste Meilenstein war dann der, dass mich der damals erfolgreichste Kollege in München bat, ob ich mal mit dem einen oder anderen seiner Partner zum Kontakten gehen würde. Das tat ich doch gerne, durfte ich doch im Gegenzug seine Büroräumlichkeiten und Telefon mitnutzen! Ehrensache, eine Hand wäscht die andere.

Nun hatte sich also innerhalb kurzer Zeit herumgesprochen, dass der Schlosser jeden Tag draußen beim Kontakten war, und ich hatte ab diesem Zeitpunkt auch jeden Tag einen anderen Sparringspartner im Schlepptau. Was aber noch viel wichtiger war: Ich hatte Erfolg mit meiner Methode. Ich hatte nämlich nicht nur Kontakte, sondern es gelang mir doch tatsächlich auch, den einen oder anderen der Interessenten auf unsere Geschäftspräsentationen zu bewegen. Daraus ergab sich dann, dass innerhalb der ersten sechs

Wochen in München drei Leute das Geschäft starteten, unter anderem mein heutiger Rekru-Tier-Partner Rainer von Massenbach.

So weit die Geschichte. Sie sehen also: Wenn etwas nicht funktioniert, dann braucht es jemanden, der es zum Funktionieren bringt, und wenn es sein muss, auch alleine. Und wenn Sie irgend-ein Thema, vielleicht sind es ja Direktkontakte, in Ihr Team implementieren wollen, dann müssen Sie es erst mal vormachen, und zwar so, dass es bei Ihnen oder für Sie funktioniert.

Wenn Sie ein Thema wie Direktkontakte in Ihr Team implementieren wollen, müssen Sie es vormachen

Wenn das geschafft ist, dann hüten Sie sich bitte, irgendeinem Ihrer Partner Ihr Wissen aufzudrücken. Der Allerwichtigste sind doch Sie. Wenn es einmal funktioniert hat, dann machen Sie es noch mal und noch mal und noch mal. Und hüten Sie sich auch jetzt, irgendjemanden zum Direktkontakten bekehren oder bewegen zu wollen.

Aber hüten Sie sich, jemanden dazu bekehren oder bewegen zu wollen

Sie werden es so lange erst einmal selbst machen, ohne nach links und rechts zu schauen, bis Sie jeden Monat einen bis drei neue Partner aus dem Direktkontakt ins Geschäft bringen. Ich schwöre Ihnen bei meinem rechten Arm, und der ist mir sehr viel wert, es werden Partner aus Ihrem Team auf Sie zukommen und fragen, wie das geht.

Es werden Partner aus Ihrem Team auf Sie zukommen und fragen, wie das geht ...

Sie werden sagen: „Ganz einfach. Mit Direktkontakt." Und im gleichen Moment werden Sie sich auf dem Hacken umdrehen, um weiter Ihrer Arbeit nachzugehen.

Das Allerbeste wäre es, wenn Sie es schaffen würden, ausschließlich den Fokus immer wieder auf sich zu lenken und mit Direktkontakten ein komplett neues Team aufzubauen.

Hören Sie genau zu. Sie brauchen nicht einen Ihrer bestehenden Partner zu bekehren oder zu motivieren, es Ihnen gleichzutun. Rekrutieren Sie einfach neue, und die werden Sie sowieso nachahmen, weil sie ja selbst so ins Geschäft gekommen sind!

Ich hatte gerade diesbezüglich eines der besten Vorbilder, die man sich wünschen kann. Der Münchner Kollege, in dessen Büro ich sozusagen Asyl gefunden hatte, war in diesem Bereich ein ganz Großer.

Wenn er mit Partnern unterwegs war, versuchte er diese nicht zu motivieren und sagte auch nicht „Jetzt machen wir Kontakte", sondern er machte selbst einfach Kontakte.

Und zwar ohne Ansage, ohne Vorwarnung, mit einer bewundernswerten Konsequenz und mit einem einzigen Satz:

🗨 *Willst du den ansprechen, der da kommt, oder soll ich das machen?*

... Sie werden sich auf dem Hacken umdrehen, um weiter Ihrer Arbeit nachzugehen

Das Allerbeste wäre es, wenn Sie es schaffen würden, mit Direktkontakten ein komplett neues Team aufzubauen

Die Neuen werden Sie nachahmen, weil sie ja selbst so ins Geschäft gekommen sind!

Führen durch Vorführen

Die schwache Führungskraft schult andere, die starke Führungskraft macht es anderen vor!

Wenn jetzt auch nur mehr als eine Sekunde verging, bis ihm sein Partner antwortete, hatte er schon selbst den Kontakt gemacht. Immer und immer und immer wieder! Wow, auch ich hatte diese Intensität, ja beinahe schon Brutalität im Bereich des Vorführens noch nie so intensiv erlebt. Die Perfektion des Prinzips „Practise what you preach"!

Sie müssen es nicht nur vormachen, sondern auch vorleben. Vorleben reicht ebenfalls nicht, Sie müssen es intensiv vorleben, und selbst das ist noch nicht genug. Sie müssen es exzessiv vorleben, und zwar immer und überall und am allerbesten immer dann, wenn Ihre Partner mit dabei sind und es sehen. Hierbei geht es in erster Linie gar nicht darum, ob ein Kontakt, den Sie machen, gut ist oder weniger gut, und nicht einmal darum, ob Sie die Telefonnummer bekommen oder nicht, sondern lediglich darum, dass Ihre Partner sehen, dass Sie es tun, und zwar immer wieder.

Jeder, der sieht, dass Sie es tun, wird sich insgeheim ärgern oder vielleicht sogar ein bisschen schämen, dass er oder sie es wieder nicht getan und wieder eine Chance vergeben hat. Ein bisschen Sportsgeist ist schon nicht ganz schlecht. Und glauben Sie mir bitte, es wird sich für Sie in barer Münze auszahlen!

Sie müssen es exzessiv vorleben, und zwar immer und überall und am allerbesten immer dann, wenn Ihre Partner mit dabei sind und es sehen

Argumente, Einwände und andere Fallstricke

Argumente, Einwände und andere Fallstricke

1. Vom Sinn und Unsinn des Argumentierens

Ich möchte an dieser Stelle ein wenig philosophisch werden, in Bezug auf meine Erfahrung im Bereich Quoten und Erfolgswahrscheinlichkeiten. Ganz am Anfang meiner Vertriebslaufbahn war es mir ein dringendes Anliegen, auf wirklich jedes Argument, jeden Einwand oder jeden Vorbehalt des Angesprochenen ein Gegenargument zu bringen. Man könnte auch sagen, ich habe gelernt zu argumentieren.

Genau wie jeder, der in Vertrieb oder Verkauf einsteigt, habe ich tonnenweise Bücher darüber gelesen, wie man mit viel rhetorischem Geschick und Verbalakrobatik den „Bedenkenträger" doch noch zu einem bedingungslosen Anhänger macht. Mehr noch, immer wenn ich in irgendeiner Form Gegenwind bekam, bin ich mehr oder weniger zur Hochform aufgelaufen und habe meinen Gesprächspartner mit allen zur Verfügung stehenden Mitteln doch noch versucht zu überzeugen.

> Ich habe meinen Gesprächspartner mit allen Mitteln zu überzeugen versucht und dachte, je intensiver ich das betrieb, desto größer wären meine Erfolgschancen

Ja, mit Händen und Füßen habe ich auf ihn oder sie eingeredet, weil ich dachte, je intensiver ich das betrieb, desto größer wären meine Erfolgschancen.

Heute, mit der Erfahrung aus mehreren Tausend Ansprachen, muss sich sagen, ich entwickle mich immer mehr in die entgegengesetzte Richtung.

Das soll heißen, ich argumentiere gar nicht, oder wenn, mit wesentlich weniger Intensität, als ich das in meiner Anfangszeit getan habe. Und das aus gutem Grund.

Ich habe alle Ansprachen mal unter Hinzuziehung des guten alten Pareto-Prinzips analysiert. Mir ist dabei Folgendes aufgefallen: Die Menschen, die schon bei der Direktansprache Bedenken hatten und die ich durch Argumentation dazu brachte, sich mit mir zu treffen, waren meistens auch die, die im persönlichen Sponsorgespräch viele Argumente oder Bedenken äußerten.

Wenn ich sie dann durch geschickte Argumentation und Einwandbehandlung doch dazu brachte, ihre Meinung kurzfristig zu ändern, fielen sie spätestens auf unserer Geschäftspräsentation in ihr altes Muster zurück und stellten wieder alles infrage. Meistens waren genau diese Kollegen auch diejenigen, die sich nach der Präsentation alles noch mal ganz genau überlegen mussten und sich Bedenkzeit erbaten.

Ende vom Lied war sehr oft die Situation, dass ich nach der Bedenkzeit dann eine Absage erhielt – und zwar aus genau dem Grund, den er oder sie schon beim Erstkontakt angesprochen hatte.

Oft erhielt ich nach der Bedenkzeit eine Absage – und zwar aus genau dem Grund, den er oder sie schon beim Erstkontakt angesprochen hatte

Eigentlich hätte ich es doch gleich wissen sollen? Eigentlich. Rückblickend kann ich einfach nur sagen, mein Bauch hatte es mir vom ersten

Argumente, Einwände und andere Fallstricke

Augenblick an gesagt: Das wird nichts, der/die ist nicht der/die Richtige, verschwende nicht deine Zeit.

Aber nein, ich wollte nicht auf ihn hören, ich wollte es selbst herausfinden und meinem kleinen bisschen Hoffnung auf diesen Menschen doch noch eine Chance geben. Und das tat ich dann auch. Nach mehreren Stunden Aufwand und emotionalem und teilweise auch finanziellem Investment war ich wieder einmal schlauer. Es hatte nicht funktioniert.

Na ja, der Erleuchtung ist es schlussendlich egal, wie sie erlangt wird. Manche nehmen den kurzen Weg, ich brauche halt meistens etwas länger.

Auf der anderen Seite gab es aber auch die Leute, die hatten bei der Ansprache keine Bedenken und Einwände, im Gegenteil, die waren neutral eingestellt oder sogar sehr offen. Einige dieser Menschen haben vom ersten Moment an immer nur mit Ja geantwortet.

„Wollen wir uns mal unverbindlich darüber unterhalten?" – „Ja." – „Möchtest du dir das mal genauer anschauen?" – „Ja." – „Möchtest du starten?" – „Ja."

Ich will nicht sagen, dass diese Menschen gar keine Einwände hatten, aber das Pro hat bei ihnen Vergleich mit der gerade beschriebenen Gruppe immer überwogen. Sie waren wesentlich unkomplizierter, offener, leichter zu überzeugen und sind nicht immer wieder in das „Ja, aber"-Muster zurückgefallen.

So, und nun kommen wir zu meinem konkreten Anliegen. Ich möchte nicht, und das rufe ich Ihnen aus vollem Herzen zu, dass Sie zum Argumentationsspezialisten mutieren, um Menschen zu überzeugen, die im Grunde gar nicht wollen. Ihr Job ist nämlich nicht der, Menschen zu finden und diese, vielleicht mit schönen Worten und Argumenten, zu motivieren. Sondern Ihr Job ist es, motivierte Menschen zu finden. Leute, die offen sind, bei denen die Festplatte noch formatierbar ist und nicht zu viele unbrauchbare Informationen enthält.

Werden Sie nicht zum Argumentationsspezialisten, der Menschen zu überzeugen versucht, die im Grunde gar nicht wollen

Falls Sie doch hin und wieder auf den einen oder anderen Zeitgenossen treffen, bei dem Sie ein Argumentationskonzept benötigen, möchte ich Ihnen nachfolgende Strategie und Leitfaden mit an die Hand geben.

Zunächst ein paar Worte zu Ihrer persönlichen Einstellung:

Mit dieser Einstellung sollten Sie an die Sache herangehen

1 Haben Sie in Zukunft bitte keine Angst mehr vor Einwänden und sehen Sie diese nicht als persönlichen Angriff!

Keine Angst vor Einwänden

2 Lernen Sie, Einwände zu mögen, sie als Teil Ihres Jobs zu akzeptieren und den/die

Einwände wertschätzen

Argumente, Einwände und andere Fallstricke

„Bedenkenträger/in" wertzuschätzen. Ich habe mir sogar angewöhnt, für Argumente dankbar zu sein.

Kämpfen Sie niemals gegen Einwände an, denn Druck erzeugt immer nur Gegendruck und führt höchstens zu einer wilden Diskussion anstatt zu einer Einigung! Versuchen Sie „geschmeidig" und eloquent zu bleiben und denken Sie immer an die Diplomaten in der Politik. Dort geht es ja auch darum, möglichst eine Einigung im beiderseitigen Sinne zu erzielen.

3 Merken Sie sich bitte: Eine gewonnene Diskussion ist in den meisten Fällen ein verlorener Interessent oder ein verlorenes Geschäft! Deswegen entscheiden Sie bitte in Zukunft sehr sorgfältig, ob es Ihnen darum geht, faktisch „recht zu behalten" und damit einen Interessenten zu vergraulen, oder vielleicht ein wenig nachzugeben und damit einen Menschen emotional zu gewinnen!

Ihr Ziel: den Interessenten emotional zu gewinnen

Wenn Sie den Menschen gewinnen, dann haben Sie auch gute Chancen, Geschäfte mit ihm zu machen.

4 Einwände sind vor allem deswegen gut, weil sie sozusagen als „Kompass" für Ihre Gesprächsführung dienen! Sie sind ein Wegweiser bei der Kommunikation und geben Ihnen Orientierung.

174

Nur wenn Ihr Gesprächspartner seine Bedenken äußert, haben Sie auch eine Chance, diese zu entkräften. Hier ist es genauso wie bei einem Arzt. Der Patient muss konkret äußern, wo seine Schmerzen sind, damit der Arzt eine Diagnose stellen und so die Behandlung der Schmerzen einleiten kann. Stellen Sie sich vor, Sie sprechen eine Stunde mit jemandem, der während der ganzen Zeit gar nichts zu Ihnen sagt und am Ende des Gespräches ablehnt. Was wollen Sie dann noch tun? Das Nein ist in diesem Fall so gut wie endgültig, und Sie haben nicht mehr die Chance zu intervenieren.

Stellt Ihr Gesprächspartner jedoch während Ihrer Unterhaltung bestimmte Dinge infrage, dann haben Sie die Möglichkeit, seine Bedenken aus der Welt zu schaffen.

Machen Sie sich bitte bewusst: Gegenfragen und Argumente oder Einwände signalisieren Interesse! Wenn das nicht so wäre, dann wäre das Gespräch viel schneller beendet.

Wenn Ihr Gesprächspartner seine Bedenken äußert, haben Sie auch eine Chance, diese zu entkräften

2. Argumentationsleitfaden

Bevor wir nun in die konkrete Behandlung einsteigen, möchte ich noch auf einen entscheidenden Punkt hinweisen: Nicht alle Argumente sind gleich! Wir unterscheiden in der Praxis zwischen sogenannten „wahren Argumenten" und „Scheinargumenten".

Unterscheidung zwischen „wahren Argumenten" und „Scheinargumenten"

Die Kunst ist es nun, im Gespräch herauszufinden, mit welcher der beiden Varianten wir es zu tun haben. Wenn wir das wissen, können wir auch die entsprechende „Medizin" verabreichen.

Wahre Argumente

Ein wahres Argument ist in der Regel eine Art Bedenken, das Ihren Gesprächspartner noch beschäftigt, oder auch ein realer, tatsächlicher Grund, der ihn/sie (noch) von einem Kauf, einer Mitarbeit oder geschäftlichen Zusammenarbeit abhält, z. B. die Geschäftsidee ist für ihn okay, allerdings ist ihm die Einstiegs-/Registrierungsgebühr zu hoch, da er/sie im Moment einen finanziellen Engpass hat.

■ **Merke:** Ein Interessent, der „wahre Einwände" vorbringt, bittet indirekt um Hilfe und Lösungsvorschläge!

Strategie bei wahren Argumenten: gemeinsam einen Kompromiss finden, der für beide Seiten passt

■ **Strategie:** Gemeinsam einen Kompromiss finden, der für beide Seiten passt!

Ein Scheinargument wird oft vorgebracht, um dem Gespräch auszuweichen, es zu beenden, Zeit zu gewinnen oder die tatsächlichen, wahren Gründe nicht nennen zu müssen.

Scheinargumente stehen meistens nicht alleine und werden durch immer neue Einwände ersetzt, sobald man versucht, sie zu behandeln.

Beispielsweise müssen Sie sich anhören: Die Produkte sind viel zu teuer, außerdem habe ich keine Zeit für einen Nebenjob, und außerdem habe ich nichts Gutes über die Branche gehört.

Scheinargumente

■ **Merke:** Einem Gesprächspartner, der ständig weitere Scheinargumente vorbringt, ist in der Regel nicht zu helfen!

Einem Gesprächspartner, der ständig weitere Scheinargumente vorbringt, ist nicht zu helfen

■ **Strategie:** Keine Zeit verlieren und schnell weiter zum nächsten Termin!

In der Praxis gibt es einen recht einfachen Weg, herauszufinden, mit welcher Art Argument oder Einwand Sie es gerade zu tun haben. Mit ein wenig Routine, etwas Gespür und der „Mal angenommen"-Technik können Sie sehr schnell erkennen, ob es sich lohnt dranzubleiben oder ob Sie sich gerade mit einem „Zeitdieb" unterhalten.

Hier ein kleiner Dialog für Sie, um die „Mal angenommen"-Technik in Kurzform zu erklären:

Argumente, Einwände und andere Fallstricke

Unterscheidung zwischen wahren Argumenten und Scheinargumenten mittels der „Mal angenommen"-Technik

🗨 **Interessent:** *Na ja, das ist ja alles gut und schön! Aber bei mir sieht es finanziell gerade nicht so gut aus. Ich kann mir die hohen Einstiegskosten im Moment nicht leisten!*

🗨 **Sie:** *Das kann ich gut verstehen! Mal angenommen, ich könnte dir bei den Einstiegskosten mit einer günstigeren Variante entgegenkommen. Wäre es dann für dich machbar?*

Wenn an dieser Stelle ein Ja kommt oder die Frage, wie hoch die Kosten bei der günstigeren Variante sind, dann ist die Wahrscheinlichkeit groß, dass es sich um ein wahres Argument handelt.

Wenn Ihr Gesprächspartner allerdings an dieser Stelle weitere Argumente bringt wie „Außerdem habe ich sowieso keine Zeit" und quasi nahtlos von den Kosten zu weiteren Hinderungsgründen übergeht, sollte Ihnen klar sein, dass Sie es höchstwahrscheinlich mit Scheinargumenten und einem „Zeitdieb" zu tun haben.

Konkret läuft die Einwandbehandlung so ab:

Schema für den Ablauf der Einwandbehandlung

1 Argument immer gelassen aufnehmen, gut zuhören und vor allem den Gesprächspartner ausreden lassen (auf keinen Fall mit der „Ja, aber"-Variante kontern!)

2 Identifikation/Verständnis zeigen und den Gesprächspartner für seine Bedenken/Einwände wertschätzend loben

3 Argument konkretisieren! Nachfragen, warum es ihm wichtig ist, wie er darauf gekommen ist, und die Motive für seine Aussage herausfinden

4 Weitere Argumente/Einwände ausschließen

5 Mit der „Mal angenommen"-Technik herausfinden, ob es sich um ein wahres oder ein Scheinargument handelt

6 Neues Angebot unter Berücksichtigung der Einwände in der bestmöglichen Variante präsentieren

Ich habe nun nachfolgend für Sie einmal drei gängige Argumente herausgenommen, mit denen man in der täglichen Praxis immer wieder konfrontiert wird, und behandle jedes für sich exakt nach dem oben skizzierten Leitfaden.
Bitte beachten Sie, dass die Vorgehensweise immer die gleiche ist.
Für mich persönlich ist es im Laufe der Zeit zu einer absoluten Routine geworden, mit Einwänden umzugehen. Ich habe immer diesen Leitfaden vor meinem geistigen Auge und arbeite

Argumente, Einwände und andere Fallstricke

ihn ab. Glauben Sie mir: Auch in der Kommunikation und Gesprächsführung sparen gewisse Standards viel Zeit und Energie!

1 Behandlung des Arguments „Ich habe zu wenig Zeit" nach dem Leitfaden

Sie: *Wäre denn eine geschäftliche Zusammenarbeit interessant für dich?*

Interessent: *Ja, schon, allerdings habe ich wenig Zeit, und ich glaube, dass mir das alles zu viel wird!*

Sie: *Da kann ich dich gut verstehen. Zeit ist unser kostbarstes Gut. Ich find total gut, dass du das Thema so offen ansprichst. Das zeigt mir, dass dir das Ganze sehr, sehr wichtig ist! Aber wie sieht es denn zeitlich bei dir genau aus? Hast du beruflich viel zu tun, oder brauchst du eher Freiräume für dein Familienleben?*

Interessent: *Ja, ich arbeite schon recht viel und brauche noch ein wenig Zeit für die Familie.*

Sie: *Das kann ich verstehen, das geht mir genauso. Ist denn das Zeitproblem das Einzige, was dich noch von einer positiven Entscheidung abhält, oder gibt es da noch andere Dinge?*

🗨 Interessent: *Nein, das ist das Einzige, worüber ich mir noch Gedanken mache.*

🗨 Sie: *Mal angenommen, ich kann dir eine Möglichkeit zeigen, wie du mit zeitlichem Minimalaufwand recht gute wirtschaftliche Erfolge erzielen kannst und wie du dich perfekt organisierst und deine Zeit optimal managst. Wäre dann eine Zusammenarbeit für dich vorstellbar?*

🗨 Interessent: *Ja, wie soll denn das Ganze aussehen?*

🗨 Sie: *Also, pass auf! Ich habe folgende Idee: Wir beide setzen uns mal zusammen hin und fertigen eine Namensliste für dich an. Bei unserem Konzept kommt es nämlich nicht darauf an, selbst viel zu arbeiten, sondern von Beginn an mit den richtigen Menschen zu kooperieren. Ich würde bei den interessantesten Leuten, die wir zusammen auswählen, auf deine Empfehlung hin anrufen, einen Termin machen und dort unsere Produkte und die Geschäftsidee vorstellen. Wenn ich jemanden überzeuge, und das ist bei unseren einzigartigen Produkten und meiner Begeisterung bei jedem Zweiten bis Dritten der Fall, läuft das Geschäft natürlich über deine ID-Nummer. Wenn du dann siehst, dass das Ganze funktioniert, bringe ich dir noch ein tolles Zeitmanagement bei,*

Argumente, Einwände und andere Fallstricke

und alles ist geritzt! Wann wollen wir gemeinsam loslegen? Heute Abend noch, oder wollen wir uns am Wochenende noch mal treffen?

💬 **Interessent:** Eigentlich heute Abend! Aber die Zeit wird etwas knapp. Lass und für nächstes Wochenende einen Termin ausmachen.

2 Behandlung des Arguments „Ist das ein Scheeballsystem?" nach dem Leitfaden

💬 **Sie:** Wäre denn ein zweites Standbein in dieser Branche interessant für dich?

💬 **Interessent:** Ja, schon, allerdings habe ich gehört, das ist so eine Art Schneeballsystem!

💬 **Sie:** Das finde ich total super, dass du dieses Thema so offen ansprichst. Ich kann deine Bedenken absolut nachvollziehen. Und ich merke, dass dir das Ganze sehr wichtig ist. – Welche konkreten Informationen hast du denn schon dazu? Hast du etwas darüber gelesen, oder kennst du jemanden, der in diesem Bereich arbeitet?

💬 **Interessent:** Na ja, bei mir in der Arbeit war mal ein Kollege, der so etwas gemacht hat. Da haben alle anderen Kollegen gesagt, dass der jetzt in einem illegalen Schneeballsystem arbeitet.

💬 **Sie:** Aha, da ist es mir am Anfang ähnlich gegangen in meiner Arbeit. Zugegebenermaßen habe ich bis vor einiger Zeit sogar selbst noch so gedacht ... – Sag mal, ist denn dieses Thema „Schneeballsystem" das Einzige, was dich in dieser Angelegenheit noch beschäftigt, oder sind da noch andere Dinge ungeklärt?

💬 **Interessent:** Nein, das ist das Einzige, was mir noch Kopfzerbrechen macht!

💬 **Sie:** Mal angenommen, ich kann dir heute zusätzliche überzeugende Informationen aus seriösen Quellen und von renommierter Stelle über diese Art des Nebenerwerbs zeigen. Würde dir das zu einer positiven Entscheidung verhelfen?

💬 **Interessent:** Na ja, da bin ich mal gespannt! Zeig her.

💬 **Sie:** Also, schau mal her. Letzten Endes ist es ja nicht entscheidend, was ich oder meine Firma zu diesem System sagen, sondern was unabhängige Stellen und Spezialisten darüber denken. Ich habe hier ein paar Unterlagen von neutralen und unabhängigen Institutionen und Fachleuten ... Lass uns das mal zusammen durchgehen, denn es gibt ein paar kleine, aber sehr entscheidende

Unterschiede zwischen legalen und illegalen Systemen ...

🗨 **Interessent:** *Ja, da bin ich mal gespannt!*

3 Behandlung des Arguments „Eigentlich bin ich zufrieden" nach dem Leitfaden

🗨 **Sie:** *Ist es denn interessant für dich, passives Einkommen aufzubauen?*

🗨 **Interessent:** *Grundsätzlich schon, allerdings muss ich sagen, dass ich im Moment eigentlich ganz zufrieden bin mit meiner Situation.*

🗨 **Sie:** *Gut, dass du das gleich offen ansprichst. Finde ich echt super, denn dann gehörst du zu den ganz wenigen Leuten, die das meiste richtig gemacht haben im Leben.*

🗨 **Interessent:** *Ja, da habe ich auch einige Zeit darauf hingearbeitet.*

🗨 **Sie:** *Absolut nachvollziehbar, ich weiß genau, was du meinst. Mal angenommen, es gäbe eine Möglichkeit, zu deiner Zufriedenheit noch 1000 Euro zusätzlich auf dein Konto zu bringen, und das mit minimalem Zeitaufwand. Hätten wir dann eine gemeinsame Gesprächsgrundlage?*

💬 **Interessent:** *Ja, wenn du es mir plausibel erklären kannst!*

Mit dieser Art und Weise der Einwandbehandlung sollten Sie in 80 Prozent aller Fälle gut fahren. Für mich hat sich in der Praxis herausgestellt, dass man von zehn Menschen, die Bedenken und Einwände vorbringen, gut 30 Prozent, also drei, wenn nicht sogar vier, noch einmal durch eine „charmante Argumentation" zum Nachdenken oder Einlenken bewegt. Meine Erfahrung hat aber auch gezeigt, dass sechs bis sieben von zehn Menschen, die Bedenken haben und Einwände vorbringen, selbst durch die schlüssigsten Argumentationskonzepte leider nicht zu überzeugen sind. Auch wenn es mir in der Praxis immer wieder sehr schwerfiel, das zu akzeptieren, so musste ich in den meisten aller Fälle doch zu der Erkenntnis kommen, dass es aus Gründen der Zeitersparnis und der Effizienz sinnvoller ist, einen neuen Menschen anzusprechen, als einen Bedenkenträger „umzubiegen".

Drei bis vier von zehn Interessenten sind durch eine „charmante Argumentation" zum Nachdenken oder Einlenken zu bewegen

Fazit: Oft ist es effizienter, neue Kontakte zu machen, als Bedenkenträger „umzubiegen"

Ich wünsche Ihnen auf alle Fälle, dass auch Sie möglichst schnell selbst zu dieser Erkenntnis kommen, denn sonst entwickeln Sie sich möglicherweise zum „Bekehrer der Ungläubigen". Und dabei besteht die nicht unerhebliche Gefahr, dass Sie selbst auf der Strecke bleiben.

Argumente, Einwände und andere Fallstricke

3. Konsequenz: Lernen Sie zu liefern

Dieses Kapitel ist insbesondere denen gewidmet, die den Direktkontakt beherrschen, aber immer wieder an mangelnder Konsequenz bei der Umsetzung scheitern. Dazu zählen eigentlich die meisten. Immer wieder höre ich die Aussage: „Ich habe das schon ein paarmal gemacht, und es hat auch gut funktioniert. Allerdings tu ich es nicht oft genug, nicht kontinuierlich, oder ich gebe zu schnell auf, wenn mal was nicht funktioniert."

Ich bin der festen Überzeugung, dass alle Menschen – mich selbst natürlich eingeschlossen – faul, bequem und schwach sind. Da sind wir alle gleich. Allerdings gibt es einige wenige, die sind es nicht so oft wie die Mehrheit und bringen, wenn es drauf ankommt, ihre Leistung. Und genau darum geht es. Es geht darum, auf den Punkt genau Leistung abzurufen, wenn es um die Wurst geht.

Es geht im Leben – und im Network – darum, Leistung abzurufen, wenn es drauf ankommt

Ich möchte Ihnen mal einen kleinen Einblick in meine Gefühlswelt geben, vielleicht hilft Ihnen das ein wenig weiter. Grundsätzlich denkt ja jeder Mensch, dass gerade er es besonders schwer hat und dass seine persönliche Geschichte immer die allerkomplizierteste ist. Auch ich denke so. Aber ich sage es niemandem und unterdrücke den Reflex, mir das immer wieder selbst einzureden. Und ich argumentiere auch nicht dagegen, wenn mir jemand erklären möchte, dass es gar nicht so ist.

Denn es ist wirklich nicht so! Ihre Situation ist weder ungewöhnlich noch besonders ungünstig, und Sie haben es nicht schwerer oder leichter als alle anderen auch. Geschäft funktioniert immer gleich, Erfolg wird mit immer den gleichen Strategien und Glaubenssätzen generiert, und auch Geld vermehrt sich immer wieder nach denselben Prinzipien. Oder es vermehrt sich eben nicht! Auf der ganzen Welt.

Ihre Situation ist nicht ungewöhnlich, und Sie haben es nicht schwerer oder leichter als alle anderen auch

Als wir mit Rekru-Tier anfingen, war ich zweifelsohne schon ein sehr guter Direktkontakter. Aber war ich in der Lage, wirklich *jedem* Menschen, ob Networkanfänger oder absolutem Vollprofi, zu zeigen, wie Direktkontakte live in der Praxis funktionieren? Das Ganze auch noch immer und überall, ob in Deutschland, Österreich oder in der Schweiz? Und all das sogar noch mit Stil und Niveau? Und bei welchem Wetter auch immer? Ob es regnet oder schneit, oder bei 30 Grad im Schatten?

Ich war mit Sicherheit zu diesem Zeitpunkt noch nicht dazu in der Lage, aber egal! Zumindest habe ich es erst einmal behauptet. Glauben Sie mir, damals war ich wahrscheinlich unter allen an

Argumente, Einwände und andere Fallstricke

Bist du wirklich der **tolle Typ** oder das **tolle Mädel**, für den/das du dich immer gehalten hast? Wenn ja, dann gibt es nur **einen Menschen auf dieser Welt**, dem du das noch beweisen musst: **dir selbst!** Wenn nein, dann **wird es Zeit!**

so einem Coaching Beteiligten derjenige, der am meisten Angst hatte und der am aufgeregtesten war – und ich bin es auch heute noch manchmal. Der Grund dafür ist: Ich bin quasi gezwungen oder auch verpflichtet, auf den Punkt genau Leistung zu bringen, weil jeder Kunde, der kommt, eine enorme Erwartungshaltung hat und unbedingt sehen und lernen will, wie das Ganze nun funktioniert.

Ich bin gezwungen, auf den Punkt genau Leistung zu bringen

Ich habe bis zum heutigen Tage mehrere Hundert Direktkontaktcoachings durchgeführt, ob alleine oder in Gruppen, und soll ich Ihnen was sagen? Ich bin stolz darauf, dass wir immer erfolgreich waren! Sie können sich sicherlich vorstellen, dass es an diesen 300 Tagen auch welche gab, an denen der Schlosser nicht so gut drauf war, an denen ich Zweifel hatte, an denen es mir nicht gut ging, an denen das Wetter schlecht war oder ich Durchfall hatte. Oh ja, da gab es einige Tage, an denen das so war! Aber was sollte ich tun? Sollte ich dem Kunden, der sein Honorar schon vorab überwiesen hatte und voller hoher Erwartungen war, sagen: „Mir geht es nicht gut", „Ich habe Angst" oder „Ich habe Husten"? Oder: „Ich bin mir nicht sicher, ob das in Tirol, am Genfer See oder im tiefsten Brandenburg in der Nähe der polnischen Grenze funktioniert"? Nein, natürlich nicht. Alles ganz einfach, sage ich den Leuten, wir bekommen das hin! Du lernst heute, wie es geht,

Es gab Tage, an denen ich nicht so gut drauf war, an denen ich Zweifel hatte, an denen es mir nicht gut ging, an denen das Wetter schlecht war oder ich Durchfall hatte. Aber was sollte ich tun?

Argumente, Einwände und andere Fallstricke

und hast nach diesem Tag ein paar gute Kontakte von Interessenten in der Tasche.

Das ist es doch, was die Leute wollen, und das ist es doch, worum es geht. Nicht darum, ob ich vielleicht mit dem linken Fuß aufgestanden bin oder am Vorabend Meinungsverschiedenheiten mit meiner Partnerin hatte! Ja, ich habe gelernt zu liefern, und das habe ich getan, indem ich zuallererst einmal allen erklärt habe, dass ich liefern werde.

Was ich damit meine, ist im Prinzip ganz einfach! Die meisten möchten zwar gerne Direktkontakte machen, wollen es aber nicht wirklich. Selbst die, die sagen, sie wollten, wissen meistens gar nicht, was es heißt, wirklich zu wollen. Das einzige Indiz für den wahrhaftigen Willen ist die Tat.

Ähnlich ist es mit dem Gesamterfolg im Vertrieb. Es bleibt oftmals bei ständig wiederkehrenden Lippenbekenntnissen, Willensbekundungen und beschämenden Versuchen, die leider nie zu Resultaten führen.

Der Profi bringt seine beste Leistung auch dann, wenn ihm gerade nicht danach ist

Lernen Sie zu liefern, wenn es darauf ankommt. Wenn Sie nicht können, dann müssen Sie! Und denken Sie immer daran: Der Profi bringt seine beste Leistung auch dann, wenn ihm gerade nicht danach ist.

Schlusswort: MLM/Vertrieb ist Zehnkampf

Schlusswort: MLM/Vertrieb ist Zehnkampf

Lange habe ich mir Gedanken gemacht, welche abschließenden Worte ich Ihnen mit auf den Weg gebe. Ich bin der festen Überzeugung, dass ein Networker nur dann schnell erfolgreich werden kann, wenn er aus dem Kontaktüberfluss heraus agiert. Das heißt konkret, er muss immer mehr Kontakte haben, als er abarbeiten kann. Nur dann kommt er nämlich niemals in die Situation, jemanden bitten oder anbetteln zu müssen, und ist unabhängig. Und genau da sind wir schon beim Stichwort Unabhängigkeit!

Ein Networker kann nur dann schnell erfolgreich werden, wenn er aus dem Kontaktüberfluss heraus agiert. Er muss immer mehr Kontakte haben, als er abarbeiten kann

Wir haben uns ja in diesem Werk ausschließlich mit Direktkontakten beschäftigt, weil genau das der Weg war, der damals in meinem Partnerunternehmen geschult, gelebt und auch hocherfolgreich angewendet wurde, um neue Vertriebsmitarbeiter zu gewinnen. Deswegen bin ich heute in der Situation, über dieses Thema berichten zu dürfen: weil ich es von der Pike auf gelernt habe

Was aber auf alle Fälle zu beachten ist: dass das Kontaktemachen alleine nicht genügt, um ein ganz Großer zu werden und seinen Lebensunterhalt mit Network-Marketing zu verdienen.

Kontakte machen ist unsere Disziplin Nummer eins – sie genügt aber nicht, um ein ganz Großer zu werden und seinen Lebensunterhalt mit Network-Marketing zu verdienen

Wer ausschließlich gut Kontakte machen kann, ist ein Spezialist, der ein bestimmtes Thema beherrscht. Aber das reicht noch nicht ganz. Es ist aus meiner Sicht wichtig, dass Sie sich zum Generalisten entwickeln. Eine vollkommene MLM-Vertriebsführungskraft sollte eher die Eigenschaften eines Zehnkämpfers besitzen als die des besten Hundertmetersprinters oder des besten Weitspringers. Sie sollte eher alles durchschnittlich gut können als nur eine Disziplin perfekt.

Eine vollkommene MLM-Vertriebsführungskraft sollte eher alles durchschnittlich gut können als nur eine Disziplin perfekt

Die Erklärung liegt auf der Hand. Wenn Sie in der Lage sind, Kontakte zu beschaffen, auf welchem Wege auch immer, dann kommt die Disziplin Nummer zwei: Die Kontakte müssen professionell verarbeitet werden, und das funktioniert nur, wenn Sie in der Lage sind, diese Menschen per Telefon zu terminieren. Hierzu gehört ein Terminvereinbarungsleitfaden inklusive eines Katalogs mit den wichtigsten Strategien zur Einwandbehandlung.

Disziplin Nummer zwei: professionelle Verarbeitung der Kontakte

Disziplin Nummer drei ist das persönliche Sponsorgespräch. Wer das Sponsern beherrscht, so sagt ein Sprichwort, der hat sein Geschäft in der Hand. Deswegen sollten Sie auch hier über ein Konzept/einen Leitfaden verfügen, an das/den Sie sich halten können.

Disziplin Nummer drei: das persönliche Sponsorgespräch

Wer denkt, dass es damit getan ist, den muss ich enttäuschen, denn alleine dadurch, dass Sie Partner neu einschreiben, baut sich noch lange kein Geschäft auf. Hierzu ist es notwendig, im Schritt

Disziplin Nummer vier: Aktivierung und Einarbeitung neuer Partner

Schlusswort: MLM/Vertrieb ist Zehnkampf

Nummer vier die richtigen Knöpfe zur Aktivierung und Einarbeitung dieser Menschen zu drücken.

Disziplin Nummer fünf: Multiplikation und Strukturaufbau

Wenn das getan ist, steht dann schon die fünfte Disziplin ins Haus, nämlich aus der Duplikation eine Struktur zu bauen und die Multiplikation der Partner zu bewirken.

Disziplin Nummer sechs: Führung

Wenn Sie ein Großer oder eine Große werden wollen, dann sollten Sie nicht weniger gut die Disziplin der Menschenführung beherrschen. Ob Zielfindung oder Planung, ob Lob oder Tadel – durch ein persönliches Gespräch mit Ihren Partnern haben Sie als Führungskraft immer die Möglichkeit, deren Einstellung auf Erfolg zu programmieren.

Disziplin Nummer sieben: vor größeren Gruppen sprechen und sie begeistern

Sollten Sie all das im Griff haben, wäre es abschließend noch gut, wenn Sie in der Lage wären, zu referieren und nicht nur Einzelpersonen, sondern auch größere Teams und Gruppen zu führen.

... und noch ein paar Nebendisziplinen

Sie sehen schon, wir sind zwar noch nicht ganz bei zehn Disziplinen, aber wenn man hinzunimmt, dass Sie auch ein wenig verkaufen und mit ein paar Nebenkriegsschauplätzen wie Orga, Steuer und Zeitmanagement zurechtkommen müssen, sollte klar sein, was ich mit „Generalist" meine.

Immer wieder treffe ich auf Menschen, die irgendeine von diesen Disziplinen sehr gut beherrschen, und das ist auch gut so – auch ich war immer ein besonders starker Direktkontakter.

Aber glauben Sie mir: Nur wer die komplette Klaviatur der oben genannten Handwerkszeuge beherrscht, der hat alle Puzzleteile, um das Bild zu einem Großen und Ganzen zusammenzufügen.

Und jetzt beginnen Sie einfach mit dem ersten Schritt und machen Kontakte, als ob es kein Morgen gäbe!

Und hier zum Schluss noch die Gebote für den praktizierenden Kontakter, die Ihnen immer wieder dabei helfen mögen, auf den rechten Weg zurückzufinden:

1 Wer Kontakte hat, hat die Macht.

30 Gebote für den praktizierenden Kontakter

2 Schlagzahl steht vor Qualität.

3 Je geringer die Fähigkeit, neue Kontakte zu machen, desto stärker das Bedürfnis zu argumentieren.

4 Besser du überforderst dich, als dass dich dein schlechtes Gewissen plagt.

Schlusswort: MLM/Vertrieb ist Zehnkampf

5 Gute Kontakte sind durch nichts zu ersetzen – außer durch noch mehr gute Kontakte!

6 Ohne Bewegung kein Orgasmus! Oder: Wenn der Mund offen ist, ist dein Geschäft offen.

7 Kommt der Kontakt nicht zu dir, dann geh zu ihm!

8 Mit Interessenten zu sprechen ist eine Sache für Warmduscher. Der Profi spricht mit Nichtinteressenten, um die Interessenten herauszufiltern.

9 Klasse kommt aus der Masse! Mit der Klasse machst du Kasse.

10 Besser Chancen bieten als um Zusammenarbeit betteln.

11 Wenn du dich nicht quälst, quält dich dein Banker.

12 Besser starke Behauptungen aufgestellt als schwache Argumente vorgetragen.

13 Wenn du denkst, die Situation für eine Ansprache passt gerade nicht, dann ist sie genau richtig!

14 Wenn du keine zehn Kontakte am Tag schaffst, dann mach zwölf!

15 Wenn keine Anspracheglegenheit da ist, dann schaffe dir eine.

16 Wenn du keine Kontakte machst, dann steh anderen nicht im Wege!

17 Es gibt keinen Grund dafür, keine Kontakte zu machen, nur schlechte Ausreden.

18 Wenn du es nicht machst, dann macht es ein anderer.

19 Beherzige die „Dreier-Regel": Mach von dem, was du planst, mindestens dreimal so viel. Alles andere würde dich unterfordern.

20 Dein Leben ist zu kurz, um keinen Erfolg zu haben.

21 Nein bedeutet nicht: Noch einige Infos notwendig. Nein ist ein geschlossener Satz.

22 Der stolze und identifizierte Kontakter ist ein Bieter und kein Bittsteller.

23 Wenn du nicht kannst, dann musst du!

Schlusswort: MLM/Vertrieb ist Zehnkampf

24 Wenn du es nicht für dich tust, dann tu es für deine Führungskraft oder Upline.

25 Wo die Angst ist, dort ist der Weg.

26 Besser eine schlechte Ansprache gemacht, als gute Ausreden zu erfinden!

27 Du bist nicht da, um Leute zu motivieren. Du bist da, um motivierte Leute zu finden!

28 Es reicht nicht, einen langen, buschigen Schwanz zu haben. Du musst auch ein bisschen Fuchs sein!

29 Hilf nicht denen, die dich brauchen, hilf denen, die es verdienen!

30 Es gibt keine schlechten Indianer, nur schlechte Häuptlinge.

Dann bleibt mir nur noch, Ihnen viel Spaß und viel Erfolg bei der Umsetzung all meiner Strategien, Tipps und Hinweise in diesem Buch zu wünschen!

Kontaktstarke Grüße aus München sendet Ihr
Rekru-Tier
Tobias Schlosser

Wollen Sie noch mehr darüber erfahren, wie

Direktkontakt in der Praxis

funktioniert?

www.rekrutier.de